허영만의 6000만 원 ❶
박스권 하단에서 매수하라

허영만의 6000만원

박스권 하단에서 매수하라

글·그림 **허영만**

가디언

'하룻강아지 범 무서운 줄 모른다'는 속담처럼
왕초보 저 허영만은 나이 일흔 넘어 겁 없이 주식투자에 도전했습니다.
첫 투자금 3000만 원은 다섯 분 고수의 도움을 받은 덕분에
다행히 얼마간 수익을 남겼습니다(수익율 31.92%).
초보치고 준수한 편이었습니다.

무모한 자신감으로 이번에는 종잣돈을 6000만 원으로 올렸습니다.
하지만 시시각각 변하는 세상에 치열하게(?) 돈을 까먹으며
실전 공부를 하고 있습니다.
미·중 무역 전쟁, 일본의 수출 규제와 같은 현실은
각종 주식 관련 책 속에는 없습니다.

고수는 왜 고수일까요?
호랑이 사냥, 고래 사냥에 나섰다가 한강 다리 위에도 서봤던
산전수전 다 겪은 고수들을 만나기로 했습니다.
과연 주식시장에서 허투루 돈 번 사람은 없었습니다.
피눈물을 삼켜 본 고수들은 자신만의 투자 방법이 있었습니다.
그들은 저에게
"투자 원칙은 지키되 자신만의 투자 방법을 가져라"라고 합니다.

저에게는 꿈이 있습니다.
1년 중 한 달은 골프장에 가서 라운딩한 다음,
와인을 곁들인 저녁을 먹고 집에 들어와
손주와 말린 대추야자를 먹다가 아무 데서나 잠드는 것입니다.
그 꿈을 이루기 위해 여러분과 함께 고수들을 만나러 가보겠습니다.

2019년 8월 15일
허영만

| 차례 |

작가의 말 • 4

프롤로그 • 10

1화   **주식투자를 가르칩니다** · 23

4월 2, 3주 | 자문단의 종목 선택 • 33

2화   **그 때, IMF** · 73

4월 4주 | BTS와 아프리카돼지열병 • 86

3화   **전부 다 폭락하지는 않는다** · 115

4월 5주 | 내가 파니까 날아가는 진리 • 128

누적 수익률 • 143

4화   **따라 하고 싶은 매매 방법** · 145

5월 1주 | 게임이 뭐길래 • 159

5화   **망하는 이유** · 165

5월 2주 | 얼음. 장. • 179

6화   **고도의 심리 게임** · 189

5월 3주 | 투자 대가 7인의 명언 • 201

7화　**은퇴 자금** · 211

5월 4주 | 새로운 자문의 등장 · 222

누적 수익률 · 233

8화　**초보자들의 질문** · 235

6월 1주 | 줍줍 · 253

9화　**매일…** · 265

6월 2주 | 단기 매도의 이유 · 281

10화　**마하세븐의 특별 강의** · 291

6월 3주 | 현재 허영만의 수익률 랭킹은? · 302

누적 수익률 · 310

부록　주식투자 어려울 땐 분류부터 확실히 · 313

앱으로 주식시장을 한눈에 · 321

이번엔 투자 방향을 가르쳐줄
자문 위원이 다섯 명. 저 허영만을 포함해
1인당 1000만 원씩 나눠서 운용하는데,
1000만 원이 새끼 쳐서
1억이 될지 0원이 될지
지켜봐주세요.
쭈~욱 기대해주세요.

4월이면 봄이 한창입니다.
그러나 요즘 국내 경제가 엉망이라고 아우성들입니다.

맨 밑을 받치고 있는 중소기업들이
속속 문을 닫고 있고 닫을 예정입니다.
터널의 끝이 보이면 출혈해서라도 버티겠지요.

그러나 터널 끝이 보이지 않습니다.

미국과 중국은 무역 전쟁을 하고 있습니다.
그동안 이 두 나라를 상대로 장사를 해왔던
국내 기업과 그 하청기업들은 좌불안석입니다.

미국은 한국에 방위비 부담을 많이 지라고 합니다.

중국은 한국 기업과 제품들에 대해
곱지 않은 시선입니다.

일본과는 위안부 문제, 강제징용 문제, 독도 문제 등으로
아주 껄끄럽습니다.

특히나 2018년 싱가포르에서 열린
북미회담 직후, 세계는 축제 분위기였으나,
사실은 양파 겉껍질 한 장만 벗겼을 뿐이었습니다.

그때 국내에서는
남북경협주가 급등했고
최전방 초소를 없애는 등
곧바로 38선이
없어질 듯한 분위기였으나,
호들갑을 떠는 수준에
그치고 말았습니다.

2019년 북미 하노이 회담에서 실체가 드러났습니다.
노 딜(No Deal)!
회담 직전까지 미 특사가 왔다 갔다 하는 걸 보고
수상쩍다 했었는데 예상대로였습니다.
북핵 문제는 처음으로 돌아가
길게 내다봐야 할 것 같습니다.

이런 국제 정세가 국내 주식시장에 영향을 크게 미칩니다.

이럴 때 주식투자를 어떻게 해야 할까요?
답은 세 가지입니다.

① 빠진다.

② 시장이 회복될 때까지 쉰다.

③ 그래도 바닥을 뒤진다.

세상살이가 수학 셈법처럼
1+1=2가 됩니까?
무한한 변수가 있습니다.
우리는 자문 위원 다섯 분을 앞세워서
그 변수를 향해 달려갑니다.

2019년 3월 7일 (월)

카카오스탁 담당 부장

강남구 강남대로에 있는
음식점 ○○집에서 6시에 모이시죠~

허영만

지난번 책을 읽으시는 것이
도움이 될 테니깐
《3천만원》 만화를 많이 가져가야겠네요.

카카오스탁 담당 부장

오~~~ 친필 사인 해주시는 거죠?
팬입니다!

신민식 가디언 출판사 대표

제가 준비해 가겠습니다.

허영만

신 대표, 내가 챙겨갈게.

이후 각자의 프로필을 보내왔다.

자문 위원을 소개합니다.

박상건

두나무투자일임
운용 실장

- 현 두나무투자일임 운용 실장
- 전 유리자산운용 해외 펀드매니저
- 운용 경력 8년
- 해외 주식형 펀드, 해외 재간접 펀드, 파생형 펀드, ELF 등 다양한 운용 경험
- 해외 공모, 사모 펀드 등 총 3500억 원 운용
- ELF 총 1400억 원 운용

운용 철학
- 불확실한 수익에 대한 과도한 배팅 지양
- 리스트에 대한 적절한 통제
- 위험과 수익의 기본 원칙을 지키면서 장기적으로 안정된 성과 실현

세부 운용 실적
유리글로벌거래소증권자투자신탁(대표 공모 펀드)
운용 기간: 2010년 8월~2017년 말
운용 성과: 누적 수익률 148.97%
　　　　　 BM 대비 33.45%P 아웃퍼폼 안정적 장기 성과로 펀드 수탁고
　　　　　 80억에서 1700억 원 달성

유리베트남알파증권자투자신탁(대표 공모 펀드)
운용 기간: 2016년 설정~2017년 말
운용 성과: 누적 수익률 52.45%
　　　　　 BM 대비 14.85%P 아웃퍼폼 차별화된 포트폴리오 운용으로
　　　　　 운용 기간 중 수탁고 950억 원 달성

기타 기관 사모 펀드, 재간접 사모 펀드 및 ELF 등 총 2250억 원 운용

최준철

브이아이피
자산운용 대표

전작 《3천만원》에서 가치 투자의 정수를 보여줬습니다. 이번에도 가치 투자를 통한 안정적 자산 증식을 보여줄 것입니다. 목표 수익률 8~12%. 아주 작아 보이지만 매년 이만큼씩을 복리 계산하면 어마어마해집니다.

- 2003년 회사 설립
- 운용 자산 1조 7000만 원
- 자기자본 650억 원

투자 방법

- 가치 투자
- 단순해서 이해하기 쉬운 사업이라도 깊이 있게 분석한다(몰라서 깨지는 가능성을 최소화한다).
- 경쟁력이 높은 기업에 투자해서 기업 가치 훼손 위험성을 낮춘다.
- 싸게 사면 실수가 손실로 이어질 확률이 낮아지니까 오해를 받거나 소외된 주식에 투자한다.
- 분산투자를 통해 주가 상승 종목이 나올 수 있는 확률을 높인다.
- 장기 투자를 통해 주가가 제자리를 찾을 수 있는 시간을 넉넉히 부여한다.

가치 투자 프로세스

아이디어 탐색 $\longrightarrow$ 기준에 맞는 종목 선별 $\longrightarrow$

개별 기업 철저 분석 $\longrightarrow$ 매수 $\longrightarrow$ 인내 $\longrightarrow$ 매도

투자 철학

- 주식은 기업의 소유권이다.
- 주가는 장기적으로 기업의 내재 가치에 수렴한다.
- 미래는 불확실하고 인간의 인식은 불완전하니 안전 마진이 필요하다.

19

이홍장

이상투자그룹
수석전문가

- 주식투자 경력 17년
- 현 이상스쿨 주식 교육 강사
  (유튜브 주식 교육 강의 구독자 11만 명)

2019년 1월~3월 추천주 계좌 수익률 73.5%

투자 방법

- 시장주도주 매매, 성장형 주식을 선취 매매하여 수익을 극대화한다.
- 시장주도로 단기 및 스윙 매매 차트가 완성된 종목을 확실히 밀어붙인다.
- 주식투자 3요소, 즉 계좌 관리, 마인드 컨트롤, 매매 확률 90% 기업을 가지고 철저하게 유리한 자리에만 진입하여 수익을 극대화한다.

투자 철학

- 주식은 기다림의 미학이다. 낚시에서 월척을 낚으려면 참고 기다려야 한다.
- 시간을 기다릴 줄 알고 자신과의 고독한 싸움을 견뎌낸다. 특히 단기 매매일수록 인내와 기다림이 중요하다.

하웅

전작 《3천만원》 만화에서 발군의 투자 실력을 보여줬던 실력파입니다.
하웅 씨의 2018년 주식투자 성적은 **550%! 이럴수가!** (이 숫자는 거래하는 증권사가 보증한 것임.)

- 2008년 삼성증권 실전대회 1억 리그 3위
- 2010년 삼성증권 실전대회 1억 리그 3위
- 2011년 삼성증권 실전대회 1억 리그 1위
- 2014년 삼성증권 실전대회 1억 리그 4위

투자 방법
- 단기 매매
- 당일 거래 대금 상위 30위 이내
- 52주 최고가 근처거나 최고가를 갈아치운 종목에 투자

투자 철학
- 주식은 종목을 사는 것이 아니라 시기를 사는 것이고 가격을 사는 것이 아니라 때를 사는 것이다.
- 싸게 사서 비싸게 파는 것보다 비싸게 사서 더 비싸게 파는 것이 낫다.

박동규

- 주식투자 경력 8년
- 현 증권플러스 콘텐츠 팀 소속
- 투자회사 주식분석가 출신
- 사업보고서 입문하기, 뉴스를 통한 종목 발굴, 투자 지표 활용법 등 4년간 강의 활동

- 2019년 추천 종목 수익률 378%
  (개별 종목 수익률 단순 합계)
- 미국 FANG 주식 3~5년 장기 투자로 200% 이상 수익

투자 방법
- 공시, 뉴스, 리포트 등 이미 공개된 정보를 조합하여 투자 기회 발굴
- 개인투자자에게 인기가 많은 테마주를 보수적으로 선별하여 일부 분산 투자

투자 철학
- 투자자가 좋아하는 주식은 지금 오를 수 있는 주식이다.
- 성장이 둔화된 한국 시장에서는 새로운 생존 전략이 필요하다. 핵심 키워드는 '단기 성장'이다.

허영만

만화에서는 대부=신, 주식에서는 초보 개미 투자자^^
이제 왕초보는 벗어났다. 홀로서기에 도전!
"분명 까먹는 것은 자명한 사실. 허나 최대한 손실의 시
간을 늦추다가 확신이 서는 곳에 배팅한다."

1화
주식투자를 가르칩니다

한봉호

광운대 경영대학원
주식투자트레이딩
책임지도교수

예?
우리나라에
주식투자를
전문으로 가르치는
대학이 없다고요?

예,
없었습니다.

왜냐하면 경영학에서는
일반적인 학문은 가르칠 수 있지만
실무는 가르치기 어려울 거예요.
특히 주식투자는 위험 자산이라
이론만으로는 가르치기가 어렵거든요.

트레이딩 관점에서 경험해보고
성공도 해본 좋은 마인드를 가진
강사를 구하기가 어려울 거예요.

그래서 제 은사님이
저보고 이런 전공이 있으니 지원하여
강의를 해보지 않겠냐고 하셔서 고민했습니다.

고민을 왜 했죠?
너도나도 교수 되기를
원하는데요?

위험 자산을
학문처럼 가르친다는 것이
어려워요.

또 종목을 추천해줬는데,
잘못해서 수익이 안 나면
곤란하지 않습니까?

전에 유행한 ○○○학과에서도
비슷한 일들이 있었다고 한다.

그렇지만 강의하기로 결심했다.

종목 추천의 폐해를 막기 위해서였다.
급등주, 인기테마주 또는 장외 주식을 매수하면
돈을 번다고 외치는 사람들이 있는데,
매도나 위험관리 등을 소홀히 하면 손해를 볼 수 있다.

또 선행 매수 후 종목 추천을 해서
시장에 부정적인 영향을 끼치기도 한다.

이런 걸 막아보자.
주식투자 방법을 나만 알고
무덤으로 가져간다는 것은
죄악!

위험 자산을 다루지만
주관적인 것을 최대한 객관화해서 가르치면
할 만하다고 생각했다.

그래서 작년에
처음 신입생을 모집했어요.

신입생 연령대가
궁금해요.

여성보다 남성이 많았다.
연령대는 젊은 층보다 중장년층이 많았다.

4년제 대학 졸업자를 받아들였으니까
학력도 높았다.

무엇을 배우려고 수강 신청을 했나 물어봤더니,
일부는 본인 업무와 관련된 전문성 제고를 원했고
다수는 주식 매매 테크닉을 습득해서
재테크를 잘하고 싶다고 말했다.

직장이 평생 보장을 못 하니깐
미리 준비를 하겠다는 것이다.

나는 노인들에게
치매 방지용으로
주식투자를 권하고 싶어요.

화투 치면 좋다고 하지만 그것 가지고는 안 되고,
적은 돈을 주식에 신경 쓰면서 넣었다 뺐다 하는 게
최고의 치매 치료제, 치매 방지제일 겁니다.

그러다 갑자기
큰돈 넣으면
곤란합니다.

왜요?

치매가 심하면
돈을 얼마 넣었는지를
잊어버려요.

ㅎㅎ

ㅎㅎ

근데 작년 한 학기,
올해 한 학기 해보니까
종목 추천은 안 하는 게
좋겠더라고요.

교수님만
돈벌지말고
종목 몇개 주세요

사랑스런
제자들과
공유합시다

안됩니다!

에이~ 진짜죠

교수님 돈 나눌것도
아닌데 너무하신다~

밥을 떠먹여 주면
절대 실력이 늘지 않기 때문이다.

밥을 떠먹여 주면
숟가락 쓰는 연습도 안 할 것 아닌가?

실패를 경험해봐야
그다음 단계를 볼 수 있다.

그… 그렇네요.

종목 물어보려고 했는데,
그만둬야겠어요. ㅎㅎ

전업 투자자들이 인터뷰를 꺼리던데,
인터뷰 허락해줘서 고맙습니다.

대체로 드러나는 걸
싫어하더라고요.

꼭 그런 건 아니지만 아마 이런 이유 때문일 겁니다.

첫째, 허 쌤 말씀마따나 돈 빌려달라는 사람들이 밀려옵니다.

둘째, 비정상적으로 돈을 버는 사람들이 있기 때문입니다.

비정상적?

지금껏 신문에 나온 방법들과 미공개 정보를 이용하는 자,

선행 매매 후 가짜 뉴스로 언론을 이용해 이익을 취하는 자.

이런 사람들은 문밖으로 나와서 말할 수가 없다.
그래서 인터뷰를 못 한다.

자기가 돈 버는 방법을
연구한 것이 아니라
우매한 사람들이 돈을
가져오게 하는 방법을
연구한 겁니다.

아~ 작전 같은 거….

2019년 4월 11일 (목)

 이흥장 이상투자그룹 수석 전문가

안녕하세요.

이홍장 이상투자그룹 수석 전문가

오늘부터 여기에
종목을 추천해드리면 되나요?

허영만

네~ 맞습니다. 거래는 15일부터 합니다~

ㅅㅅ

이홍장 이상투자그룹 수석 전문가

15일부터 실전 거래에
들어간다는 말씀이지요?

허영만

네네~ 15일에 살 종목들 미리
추천해주셔도 되고, 콘텐츠를 주셔도 되고….

이홍장 이상투자그룹 수석 전문가

네, 알겠습니다. 종목을 미리 드리죠.

스윙주(중·장기 종목)
종목: **로보티즈**
종목 코드: 108490
매수가: 1만 9800~2만 원
(매수가 걸어두세요.)

100만 원 매수

앞으로 천천히 사도 됩니다.

허영만

상장한 지 얼마 안 되었네요~ 뭐 하는 회사인가요?
공모가는 얼마였어요?

이홍장 이상투자그룹 수석 전문가

| 투자 포인트 |
최근 로봇테마주가 강세입니다.
지난주에 대통령이 17조 투자하여
로봇 산업을 육성한다고 해서 관련주가 올랐는데
다음 주에 또 대통령의 로봇 산업 관련 행사가 있습니다.
최근 주식시장은 주도주가 없어서
정부(대통령)의 정책 발표가 나와야 반짝하고
상승하는 실정입니다.

이홍장 이상투자그룹 수석 전문가

행사는 다음 주 17일 예정인데
15일 월요일에 사셔도 될 것 같습니다.

| 기업 개요 |
로보티즈는 로봇 코딩 교육 관련 제품을 생산하는
서비스 로봇 솔루션 전문 업체입니다.
신규 상장해서 재무적으로 문제 삼을 것이 없습니다.

허영만

벌써 슬슬 흥분됩니다.
요 며칠 사이에는 대한항공이 시장을 흔들었죠.

앞으로 경영 주도권 쟁탈전이 있겠죠?

 이홍장 이상투자그룹 수석 전문가

네. 그래서 회사 배당 확대와
유휴 자산 매각 등 주주 친화 정책에
나설 것이란 기대감에
한진칼 우선주가 급등했습니다.

허영만

한진 조양호 회장의 사망으로
부족한 지분 때문에 아들 쪽으로
경영 승계가 어렵다던데 주가까지 폭등해서
더욱더 어렵다는 얘기들이 돌고 있습니다.

최근에 급등한 로보로보랑
같은 업종의 주식인가 보네요~
로보로보에 비해서는
아직 시세를 많이 안 준 느낌이고요.
맞나요?

 이홍장 이상투자그룹 수석 전문가

로보로보가 1차 시세 때 혼자서 너무 올라서
순환매 차원에서 후발 주자들을 공략합니다.

허영만

멋진 전략이네요~
궁금한 게, 대장주만 공략하는 게
효율적이라는 얘기를 들었는데요.

 이홍장 이상투자그룹 수석 전문가

대장주가 내려오면 대장주를 공략합니다.
그런데 대장주가 고가권에 있으면
주가가 계속 올라가지 못하므로
키 높이를 맞추는 차원에서
후발 주자들이 올라갑니다.

허영만

오~~

2019년 4월 12일 (금)

박동규 두나무증권 분석가 팀
> 매수 사인 나갑니다.

박동규 두나무증권 분석가 팀

> 종목1: **영풍정밀**
> 매수가: 9,600~9,720원
> 비중: 10% (100만 원)
> 목표수익률: 10%
>
> 종목2: **인선이엔티**
> 매수가: 9,700~9,820원
> 비중: 10% (100만 원)
> 목표수익률: 10%

> | 영풍 정밀의 투자 포인트 |
> 1. 주력 제품은 산업용 펌프와 밸브
>
> 2. 지난해 매출액 659억 원 (+0.1% YoY°),
>   영업이익 91억 원 (+21.9% YoY),
>   순이익 (+22.8% YoY)

●YoY(Year-over-Year)
전년동기 대비 증가율

박동규 두나무증권 분석가 팀

3. 올해부터 국내외 정유·화학 업체들이
대규모 증설을 본격화함에 따라 수혜도 예상

4. 현재 시가총액을 월등히 상회하는 상태

| 인선이엔티의 투자 포인트 |
1. 산업폐기물을 처리하는 산업.
폐기물이 사라지지 않는 한(제조업이 사라지지 않는 한)
영속 가능함.

2. 특히 폐기물산업은 정부의 인허가를 받아야 하고,
넓은 부지의 확보 및 소각·매립 시설을 구축해야 하는
장치 산업이어서 진입 장벽이 존재하는 만큼 안정적임.

3. 인선이엔티는 국내 1위 건설폐기물 처리 기업으로
   수도권, 충청 지역에서 사업을 영위 중

4. 기존 사업이 안정적으로 유지되는 가운데,
   상반기 사천 매립장의 신규 가 동과 하반기로
   예상되는 광양 매립장의 사업 재개가
   질적·양적 성장을 이끌 전망

5. 특히 폐기물 중간 처리와 달리,
   매립 사업은 최종 처분 업체 수가 소수이고
   동종 업계 평균 영업이익률이
   50%를 초과할 만큼 수익성이 높음.

허영만

앗, 안녕하세요. 박동규 자문님.^^
보내주신 내용 잘 봤습니다.

일반인이 조금 이해하기 어려운
산업용 펌프와 밸브 생산업체,
폐기물 산업에 관한 종목을 주셨군요.

각 종목에 대해 질문드립니다.

영풍정밀
Q) 현재 세계 경제 성장 둔화 및 침체 우려 속에
GS칼텍스, LG화학 등 정유·화학 업체들이
앞다투어 대규모로 증설하는 이유는 무엇일까요?
그에 따른 연관 이익을 얻는 영풍정밀
같은 업체들이 매우 많을 텐데
그중에 영풍정밀이 대장주인 건가요?

인선이엔티주식회사
Q) 말씀하신 대로 폐기물 산업은
영속 가능한 산업이라고 보는데
현재 종목 금액이 52주 신고가(新高價)*로
5~6개월 사이에 90%가 상승해서
조금 위험한 종목(?)이라고 해야 하나?
쉽게 접근하기 어려워 보이는데
추가로 상승 가능성을 보시는 건지요?

● 신고가
새롭게 기록한. 주식의
최고 가격. '52주 신고
가'는 과거 52주 대비
최고가를 말한다.

인선이엔티 시세 1개월

1개월   9,840

                              7,710

9,830원
+50 (0.51%)
2019.04.12 14:46

박동규 두나무증권 분석가 팀

3주 전에 뽑아놓은 건데
좀 빠르게 올랐네요.ㅎㅎ
손절매*든 추가 매수든 상황 판단 나오는 대로
바로 전달해드리겠습니다.

●손절매
주가가 떨어질 때 추가 하락에 따른 손실을 피하기 위해 손해를 감수하고 투자한 상품을 파는 것

허영만

실시간 호가, 관련 뉴스 누르시면
증권플러스으로 넘어가니까
한번 눌러보세요~^^

박동규 두나무증권 분석가 팀

익절매*도 목표가 전에
진행될 수 있습니다.

●익절매
손절매의 반대. 투자 목표 이익에 도달했을 때 투자한 상품을 되파는 것

박동규 두나무증권 분석가 팀

영풍정밀 관련 답변드립니다.

A) 글로벌 정유 업체들은 전기 차와 에너지소비효율 상승으로
원유 수요가 중장기적으로 감소할 것을 예상,
이에 대응하기 위해 광구 탐사와 개발 등 업스트림 투자를 줄이고
원유 정제 설비와 원유를 가공할 화학 공장에
투자를 늘리고 있는 상황입니다.

참고로 업스트림(up-stream)은
석유 산업 활동 중 원유 생산 부문을 말하며,
다운스트림(down-stream)은 기초 유분을 분해해
다양한 제품을 생산하는 것을 말합니다.

박동규 두나무증권 분석가 팀

인선이엔티에 관해서도 답변드립니다.
A) 사실 최근에 너무 급등한 상황이라
추천하기를 망설였는데요,

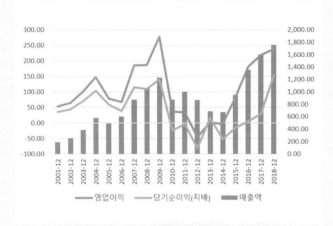

여기 첨부해드리는 그래프가 인선이엔티 실적 추이입니다.

2014년을 기점으로 다시 실적이 매우 좋아지는 상황입니다.
특히 올해는 매립지 두 곳의 사업이 재개될 예정이어서
앞으로 실적이 더욱 개선될 것으로 예상합니다.
이에 여전히 주가 상승 가능성이
높은 것으로 기대해 추천드립니다.

허영만

결론은 실적이군요.
영업이익, 당기순이익, 매출액이 상승!!
결론은 역시 재무 실적(성과=돈)이라는 공식이
반영되는 주식이겠네요. ^^
기대해보겠습니다.

박동규 두나무증권 분석가 팀

중국, 필리핀, 베트남의 폐기물 수입 금지 조치에 따라
국내에서 처리해야 하는 폐기물량이 증가할 것으로
예상되는 점도 긍정적입니다.

2019년 4월 15일 (월)

허영만

로보티즈 50주
1만 9950원 매수 걸었습니다.

아래로 꼬리 한번 달면서
잡혀 주면 좋겠네요….^^

이홍장 이상투자그룹 수석 전문가

네, 1만 9950원에
매수 걸어놓는 것 좋습니다.

허영만

이디도 로봇 테마인가요?

이디 가는 거 보면
로보티즈도 크게 움직일 수 있는 거 아닙니까?

 이홍장 이상투자그룹 수석 전문가

이디도 로봇 관련주로 테마가 붙어서 움직이긴 하는데
꼭 로봇 테마 때문에 가는 거라기보다 작전주여서 가는 것입니다.
이번 주에 로봇 관련 행사가 있고
그곳에서 대통령이 연설한다고 하니 뉴스가 나올 것입니다.

뉴스가 나와서 상승하면 그날 매도합니다.

허영만

매도 사인도 따로 주시는 거죠?

 이홍장 이상투자그룹 수석 전문가

네, 당연히 매도 사인 나갑니다. ㅎ

허영만

영풍정밀 103주 9,620원,
인선이엔티 101주 9,820원
매수 걸어놨습니다.

인선이엔티 101주 체결됐습니다.

박동규 두나무증권 분석가 팀

아시아나항공이 큰 재료는 맞는데,
저런 종목은 손이 빨라야 매매도 수월합니다.
저런 유의 고위험 종목은
천천히 접근해보기로 하겠습니다.

박상건 두나무투자일임 운용 실장

안녕하세요!

박상건 두나무투자일임 운용 실장

금일 주문은 오전, 오후 두 번에 나눠서 드리겠습니다

박상건 두나무투자일임 운용 실장

종목명	매입 단가(원)	주문 수량(주)
대림B&Co	5,360	29
무림페이퍼	3,725	154
CJ프레시웨이	34,550	13
LG전자우	30,800	7
멀티캠퍼스	54,300	2
이지웰페어	8,880	23
아이마켓코리아	8,880	75
종근당홀딩스	69,800	3
삼영무역	16,600	10
화승인더	10,250	7
더존비즈온	47,300	7
이지바이오	6,760	25
지어소프트	7,380	45
종근당바이오	24,200	3
CJ CGV	44,450	3
사람인에이치알	22,900	14
에코마케팅	27,800	12
JW생명과학	24,000	18

박상건 두나무투자일임 운용 실장

투자 금액은 각각 500만 원씩입니다.

금일 매수하고자 하는 총수량의 절반입니다.
나머지 절반은 오후 장에
추가 주문 드리겠습니다.

전략에 대한 설명 및 추천 사유 등은
금방 정리해서 말씀드리겠습니다.

허영만

주문 완료!

허영만

저게 일부만 사지고 일부는
안 사지면 어떻게 되는 거지요?

박상건 두나무투자일임 운용 실장

일반적으로는 되도록 저 가격에 맞춰서
걸어주시면 됩니다.
혹 개별 종목의 변동성이 높아
호가가 넘어가는 경우,
체결 안 된 부분을 말씀해주세요.
재주문 드리도록 하겠습니다.

지금은 거의 호가와 맞아서
전량 체결될 것으로 보입니다.

LG전자우, 이지웰페어, 종근당바이오는
호가가 넘어가서 매수가 안 된 거죠?

허영만

넵, 아직 체결 안 됐습니다.

박상건 두나무투자일임 운용 실장

오전 장 주문 때 체결 안 된 종목이
주문 가격에 걸려 있는 상태면
취소해주세요.

오후 장 주문에 포함해서 다시 드릴게요.

박상건 두나무투자일임 운용 실장

현재가가 높아서 체결이 안 되는 거예요.

주문 가격이 더 낮은 거죠.

2시쯤에 오후 장 주문 드리겠습니다.

박상건 두나무투자일임 운용 실장

종목명	매입 단가(원)	주문 수량(주)
대림B&Co	5,360	29
무림페이퍼	3,690	156
CJ프레시웨이	34,550	13
LG전자우	30,800	13
멀티캠퍼스	54,900	2
이지웰페어	8,900	45
아이마켓코리아	9,630	75
종근당홀딩스	70,800	2
삼영무역	16,600	9
화승인더	10,100	7
더존비즈온	47,250	7
이지바이오	6,740	25
지어소프트	7,540	44
종근당바이오	24,400	5
CJ CGV	44,150	2
사람인에이치알	22,450	14
에코마케팅	28,400	11
JW생명과학	23,900	18

박상건 두나무투자일임 운용 실장

추천 들어갑니다.

허영만

원래 매수했던 종목에서 추가로 매수하는 건가요?

박상건 두나무투자일임 운용 실장

맞습니다. 아침에 말씀드렸다시피 금일 매수하려는 물량 중 50%는 오전에, 50%는 오후에 나눠서 매매하는 거고요.

박상건 두나무투자일임 운용 실장

아까 취소하셨던 종목 3개는
금일 매수하고자 하는 물량을 전량으로 다시 드린 거예요~

박상건 두나무투자일임 운용 실장

금일 매매 내역 최종 확인해서
3시쯤 말씀드리도록 하겠습니다~

이지웰만 안 되었네요.

8,930원에 45주 매수해주세요.

허영만

넵.

박상건 두나무투자일임 운용 실장

다 체결되었네요.

허영만

많은 종목을 거래했는데…
해당 거래의 전략에 대해 설명을 좀 해주셔야겠어요. ㅎ

박상건 두나무투자일임 운용 실장

주식을 투자하는 방법은 개별 종목에 투자하는 방법과
포트폴리오에 투자하는 방법이 있습니다.
저희가 추천하는 전략에도 여러 종목이 담겨 있습니다.
종목 구성을 어떻게 하느냐에 따라
투자 전략이 달라집니다.
예를 들어 고수익 전략, 방어형 전략,
가치주 전략, 배당주 전략 등이 나올 수 있는 거죠.

박상건 두나무투자일임 운용 실장

쉽게 말씀드리면 저녁 식사 때
단품 메뉴인 짜장면을 선택할 수 있고
여러 가지 먹을 것이 많은 중식 코스를 선택할 수도 있죠.
이와 같이 짜장면은 '개별 종목'이고 중식 코스 요리는
여러 종목에 투자하는 '전략'인 것입니다.

허영만

아하!! 이제 알겠어요.
삼성전자 한 종목만 사는 것이 아니라 중식 코스와 같이
삼성전자, 현대차, 포스코 등과 같은 종목을
한번에 매수한다는 말이군요?
또 중식 코스에도 A, B, C 코스와 같이
그 안의 메뉴 구성이 다른 것처럼
투자하고자 하는 '전략'의 콘셉트에 따라
구성하는 종목이 다른 것이고요.

 박상건 두나무투자일임 운용 실장

네, 맞습니다. 그렇게 구성된 종목들을 일컬어
'포트폴리오'라고 합니다.
저도 다른 자문단 분들과 마찬가지로 종목을 매매하지만
저는 사실 한 전략을 구성하는 종목들,
즉 포트폴리오를 매매하는 것이죠.
다시 말하면 종목에 투자하는 것이 아니라
전략에 투자하는 겁니다.
마치 펀드에 투자하는 것과 같은 의미죠.

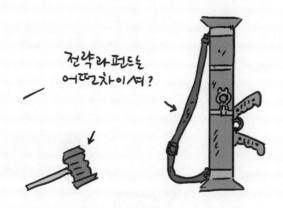

 박상건 두나무투자일임 운용 실장

일반적으로 전략이든 펀드든 모두
투자하고자 하는 콘셉트에 맞춰 포트폴리오를 구성합니다.
다만 펀드는 다수의 돈을 모아 투자하므로
투자 금액이 크고
포트폴리오를 구성하는 종목 수도 훨씬 많습니다.
저희의 전략은 투자자 한 명 한 명을 위한
맞춤형 포트폴리오라고 보시면 됩니다.

허영만

사이트 오픈과 함께 박상건 님의
공격적인 투자, 아주 좋았어요!

2019년 4월 16일 (화)

 이홍장 이상투자그룹 수석 전문가

전일 매수한 로보티즈 흐름 좋습니다.
좀 더 보유합니다.
뉴스가 나오면 매도합니다.

 이홍장 이상투자그룹 수석 전문가

지금은 좀 더 보고 결정하겠습니다.

 이홍장 이상투자그룹 수석 전문가

로보티즈 좋은 흐름으로 잘 마감하였습니다.

종목: **제넨바이오**
종목 코드: 072520
매수가: 2,200원 이하에서 매수

이홍장 이상투자그룹 수석 전문가

신약 및 첨단 의료기기 개발 플랫폼을
보유하고 있으며 장기이식, 면역/당뇨 등의
영장류 질환 모델 제작과
이를 활용한 효능 평가를 통해
신약 및 바이오 장기를 개발하는 바이오 업체입니다.
1차 상승 이후에 눌림목*에서
지지받는 것을 보고 매수합니다.

● 눌림목
상승세를 타고 있는 종
목이 일시적으로 하락
세를 보이는 현상

내일 공략 종목입니다.

비중: 100만 원 매수합니다.

2019년 4월 17일 (수)

이홍장 이상투자그룹 수석 전문가
2,165원까지 내려갔었는데 체결 안 되었나요?

 허영만

자문님께서 알고 계신 사소한 정보도
독자들은 모를 뿐 아니라,
개미들은 항상 기본 지식(정보)을 갈망해요.

 이홍장 이상투자그룹 수석 전문가
네. 바쁜 시간대가 지나면 수시로
이슈나 기업 내용, 재료 등을 올리겠습니다.

제넨바이오
신약 및 첨단 의료기기 개발 플랫폼을 보유하고 있으며
장기이식, 면역/당뇨 모델 등의 영장류 질환 모델 제작과
이를 활용한 효능 평가를 통해
신약 및 바이오 장기를 개발하는 바이오 업체

이홍장 이상투자그룹 수석 전문가

| 투자 포인트 |
최근 바이오주가 개별적으로 움직이므로
차트상의 자리를 보고 투자해야 함.
시세가 너무 많이 상승한 종목과 너무 크게 이슈화된 종목은
상승하는 데 저항선이 많음.
제넨바이오는 1차 시세 이후에 눌림목 구간으로
1차 상승의 고점 대비 절반 정도 조정받은 자리이므로
반등의 확률이 높은 자리임.

| 위험 요인 |
시장 지수가 연일 상승하고 있으므로
지수 하락 시 영향을 받을 위험이 있음.
따라서 지지대를 이탈하면 손절로
짧게 대응하는 것이 필요함.

허영만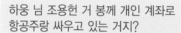

하웅 님 조용헌 거 봉께 개인 계좌로
항공주랑 싸우고 있는 거지?

하웅은 퀵건인데
다른 자문 위원처럼
구구절절 설명이 가능할까?
아님 자기 스타일대로 해요.
단기 매매 허는디
일일이 설명헐 수 없으니까.

 하웅

넵. 매수 이유, 매도 이유
최대한 설명하도록 하겠습니다.
매수를 고려했던 종목이 너무 올라서
상황을 지켜보는 중이에요~

허영만

ㅇㅋ
뭐… 급헐 건 없어요.

 박동규 두나무증권 분석가 팀
증권주 분석입니다.

박동규 두나무증권 분석가 팀

종목: 삼성증권
매수가: 3만 7000원대
비중: 10%(100만 원)
목표수익률: 8%

| 투자 포인트 |
1. 국내외 증시 반등 효과로 증권주
   올해 1분기 실적 개선 기대되는 상황
   1) 일평균 거래 대금이 전분기 대비 6.9% 증가하면서
      수탁 수수료 수익 증가 전망
   2) 채권 금리 하락에 따라 자기매매 관련
      운용 자산 평가 이익이 발생한 것으로 추정
   3) 특히 지난해 4분기 실적 급감의 원인이었던
      PI(Principal Investment, 자기자본 투자) 부문의 지렛대 효과●
      에 따른 실적 개선세가 부각될 것
   4) 현대오토에버 IPO(Initial Public Offering, 기업공개),
      서울스퀘어 빌딩 매각, 웅진코웨이 인수금융 등
      작년 4분기 연기되었던 대형 거래가 이어지며,
      투자은행(Investment Bank, IB) 부문의
      견고한 성장은 지속될 것으로 예상

2. 특히 삼성증권은 올해 1분기 실적 개선 폭이 클 것으로 기대
   1) 지난해 4월 배당 사고로 삼성증권은
      리테일 신규 고객 유치가 불가능했으나
      올해 1월 27일부터는 규제가 풀려
      리테일 신규 고객 유치가 가능해졌기 때문
   2) 타사 대비 적었던 IB 인력 및 관련 자금운용 규모가
      향후 확대될 것으로 예상됨에 따라
      IB 실적의 점진적인 개선세는 향후에도 지속될 것

●지렛대 효과
현금이나 주식 등 보유 자산을 담
보로 하여 다른 사람의 자본을 이
용해 자기자본 이익률을 높이는
효과. '레버리지 효과'라고도 한다.

이것도 금액 100만 원으로 사 주시면 됩니다.

 박동규 두나무증권 분석가 팀

위에 이유 써 있어요. ㅎㅎ

허영만

3만 7450원으로 26주 매수 걸어놨습니다.

 박동규 두나무증권 분석가 팀

증권주가 대체로 1분기 호실적을 기록할 것으로
기대되는데요(시장 반등 영향).
삼성증권은 지난해 4월 배당 사고로
리테일 신규 고객 유치가 불가능했으나
올해 1월 27일부터는 규제가 풀렸죠.
이에 특히 실적 개선이 기대되는 곳입니다.

허영만

체결!

그런데 최근 삼성증권이
거래수수료를 무료화하는 것 때문에
수익을 갉아먹는 영향이 있지는 않을까요?

 박동규 두나무증권 분석가 팀

참고로 일반적으로 증권사의 영업 분야는
위탁매매, 기업 금융, 자기매매, 기업 영업,
자산운용, 선물중개업, 해외 영업으로 나뉩니다.

각 사업 부문별 설명은
다음 표를 참고하시면 될 거 같고요.
여기서 말씀하신 국내 주식거래 수수료는
위탁거래에 포함됩니다.

박동규 두나무증권 분석가 팀

구분	주된 영업 활동
위탁매매	증권 회사가 기본적으로 제공하는 주식의 중개 서비스로부터 창출되는 성과를 보고하는 단위
기업금융	IPO, M&A, PF 등 기업금융과 관계된 종합 금융 서비스를 제공하면서 창출되는 성과를 보고하는 단위
자기매매	주식, 채권, 파생 상품 등 상품을 운용하여 얻는 성과를 측정하여 보고하는 단위
기업 영역	국내외 기관에 대한 위탁매매 서비스로부터 창출되는 성과를 보고하는 단위
자산운용	자산운용법을 영위하면서 발생하는 성과를 측정하여 보고하는 단위
선물중개업	선물업에 따른 금융 상품의 매매를 수탁하는 영업 활동으로부터의 성과를 보고하는 단위
해외 영업	해외투자에게 국내물(주식, 선물, 옵션 등) 중개하는 등의 해외 주문(자회사)의 성과를 보고하는 단위

삼성증권의 2018년 사업보고서를 보면
위탁매매 세부 매출액은 다음과 같이 나뉩니다.

거래 대금에 따른 중개 수수료
(출처: 삼성증권 데이터)

즉 중개 수수료는 거래 대금에 더욱 영향을
받는다고 해석할 수 있습니다.

2019년 4월 18일 (목)

 박동규 두나무증권 분석가 팀

오늘은 주식시장이 급락하면서
너 나 할 것 없이 전부 하락했습니다.
하락 장으로 돌아서는 게 아닌 이상
지금의 하락은 크게 걱정하지 않아도 될 듯합니다.

박동규 두나무증권 분석가 팀

어떤 종목이 문제가 있어서 하락한다면
손절도 고려해야 하나,
단순히 시장이 내려가서 덩달아 하락하는 것이라면
버티고 견뎌야 합니다.
상황 봐서 저가 매수 기회가 생긴다면
더욱 매수를 고려해야 합니다.

코스피 지수	코스닥 지수
2,213.77	**753.52**
▼ 32.12 -1.43%	▼ 13.37 -1.74%

외인 -1.528 기관 -1.518 개인 2.916   외인 -735 기관 -1.125 개인 1.907

최근 들어 가장 큰 하락인 거 같은데
아직 걱정할 구간은 아닙니다.

주가가 하락할 때는 하나만 질문하면 됩니다.
'그래서 기업에 문제가 있는가?'

문제가 없다면 Keep Going.

2019년 4월 19일 (금)

 이홍장 이상투자그룹 수석 전문가

제넨바이오 흐름 좋습니다.

로보티즈도 전일 지수의 흐름이 약세여서
눌림이 있었지만
반등을 기다려봅니다.

제넨바이오 VI* 달성

> ● VI (Volatility Interruption)
> 종목별 변동성 완화 장치. 가격
> 변동이 심한 경우 거래소에서
> 거래를 2분 동안 정지하고 단
> 일가 매매로 전환되는 것

이홍장 이상투자그룹 수석 전문가

이제부터 살살 분할 매도 준비합니다.
2,500원에 50만 원 매도합니다.

허영만

지금 바로 하면 되나요?

켁…밀렸네요. ㅎ

 이홍장 이상투자그룹 수석 전문가

제가 글 올리면
바로바로 부탁드립니다.

 이홍장 이상투자그룹 수석 전문가

2,450원에 절반 매도합니다.

2,500원 안 올 거 같아요.

허영만

VI에 대한 설명 좀 곁들여 주세요~
자문단 거래 이후 첫 VI 떴는데…ㅎㅎ

 이홍장 이상투자그룹 수석 전문가

2,410원에 50만 원 매도 정정합니다.

 이홍장 이상투자그룹 수석 전문가

남은 50만 원 물량은 2,500원
돌파하는지 보겠습니다.

2,500원 돌파 못 하면 매도하겠습니다.

허영만

넵

허영만

아아~ 떴네요…, 거래 내역….
2,410원에 227주 체결입니다.

 이홍장 이상투자그룹 수석 전문가
아, 어디에 떠요?

허영만

카카오스탁 앱이요.

 이홍장 이상투자그룹 수석 전문가
카카오스탁

허영만

너무하십니다.

이흥장 이상투자그룹 수석 전문가

아, 당연히 카카오스탁인 건 아는데

그 안에서 어디에 뜨는지 몰라서요. ㅎ

유료 가입해야 보이는 거 아닌가요?

허영만

종목 발굴 → 〈허영만의 6000만 원〉
탭에 있습니다.

흠… 어떻게 설명을 드려야 할지….
자문단을 구독하셔야 합니다.

무료입니다. ^^

이흥장 이상투자그룹 수석 전문가

아, 구독하기 해야 하는군요.

주변 사람들한테 말했는데

안 보인다고들 해서 유료인 줄 알았어요.

67

허영만

넵~! 구독하기를 해야 확인됩니다. ㅎㅎ

이흥장 이상투자그룹 수석 전문가

제넨바이오 2,420원에 50만 원 매도합니다.

나머지 물량 매도합니다.

2,420원에 걸어놓으세요.

이흥장 이상투자그룹 수석 전문가

네, 수고하셨습니다. ㅎ

하웅

엔씨소프트 6주 매수

허영만

방가 방가. 선수 입장~~

얼마로 주문할까요?

 하웅

시장가 매수요.

허영만

엔씨소프트 6주 294만 9000원 매수 완료.

하웅

엔씨소프트 036570

약 50만 원 합니다.

엔씨소프트

491,500원
-7,000 (1.40%)
2019.04.19 15:02

관련 뉴스

매수 가격 잘못 쓰신 거죠?

허영만

하~ 그렇습니다.
49만 150원 × 6주 = 294만 9000원
매수 완료

 두나무 담당 부장

매수는 잘 되었는데 앱이 업뎃이
안 되고 있어서 안 보이네요.

 두나무 담당 직원

두나무 담당 직원

허영만의 재미난 주식이야기

동규　박상건　이홍장　최준철　하웅

자문단 하웅　누적수익률 **-0.11%**　>

허영만과 자문단 더보기 >

☆　🏆　📊　📈　〰️　000
관심종목　실전! 랭킹　증시동향　종목발굴　MAP　더보기

||| 　〇 　<

SKT 4:04 🖼　🎮📶 LTE 📶 22% 🔋

< 홈　구독해제 ?

☆하웅
구독중

실전투자 수익률　>

누적 3473위　월간 9342위　주간 4646위
-0.11%　-0.11%　-0.11%

최근 1년 수익률

0.6
0.3
0.0
-0.3
-0.6
-0.9
　　　　04.19

보유종목 1 종목　　　-0.41%

최고 수익률 매매내역

두나무 담당 직원

현재 정상적으로 노출되고 있습니다.

2화

그 때, IMF

한 교수님은 이 바닥에
어떻게 들어오셨어요?

저는 경제 전공도 아니고
화학 공부했었어요.
90학번.

IMF가 98년도에 왔었죠.
제가 29살 때였는데
모두 실직 상태였어요.

ㅎㅎ 또 IMF 얘기는
빠지지 않는군.

나갈 돈도 없고,
나갈 곳도 없이,
집에 박혀 지냈다.

그 시절 한 교수의 동생이
주식 매매를 하고 있었는데
미국 IT쪽이 성장해서
인터넷 붐이 일고 있을 때였다.

동생이 계좌를 만들어 10만 원을 넣고
주식을 매매하는 것이 너무 신기했다.

이야!
이거 신기하다!

형은
고스톱밖에
모르지.

돈을
넣고 빼고
넣고 빼고
그러다가
잃을 때보다
딸 때가 많으면
윈!

그때는 전문 서적이
지금처럼 많지 않고
굉장히 어려웠을 텐데…

막상 시작해보니
문제가 많더라고요.

서적도 많지 않았으니 지식도 부족하지,
또 증권사 수수료가 비싸더라고요.

당시에는 한번 사고 팔면 1%가 수수료였다.

수수료 때문에
단타는
안 하셨겠네요.

원금이
100만 원이었으니까
회전률을 높여서
승부했죠.

증권사 수수료와 세금의 합이 1.3%니까
하루에 30번 매매하면
39%가 원금에서 까이는 것이었다.

원금을 지키고 어떻게 하면
벌 수 있을까만 생각했다.

그런데 아주
잘되더라고요.

공부를 많이
하셨나보네요.

아뇨. 그 당시에는
쉬웠습니다.

원금을 지키기 위해서는
매매 원칙이
딱 하나입니다.

어차피 좋은 주식은 시장에서 인기주이기 때문에
많은 사람의 추종 매수 세력이 모인다.
순간 변동 폭도 커지고 변동 폭에 의한 상승 추세라든지 박스권이라든지
하락 추세에서도 V자 반동이 나온다거나 하는 패턴을 발견할 수 있다.

그런 구간을 캐치해서
수수료 이상의 수익이 날 때만
들어갔다 나왔다 한다.

말은 쉬운데….

어쨌든
저는 그렇게 해서
수익을 냈는데
다른 사람에게
이렇게 얘기하면
이해를 못 하더라고요.

저는 이해합니다.

이 의자를 만들어 봐

보고 만드는데도 안돼?

이런 얘기 같아요.

적당한 비유입니다.

연예인이나 예술가가 '끼'를 가지고 있듯
주식투자자들도 분위기라든지 남다른 '촉'이
분명 있다고 봐요.

처음에는 어떤 종목으로
재미보셨어요?

그것은 정해져
있다기보다는….

2000년대 초반은
미국 나스닥 시장이 본격적으로 급락하는 시기였는데
우리나라 시장도 덩달아 급락했다.

주식을 보유하면 손해를 보는 시기였다.
주식을 보유하면 손해니까
보유 안 하는 것이 1차 목표였다.

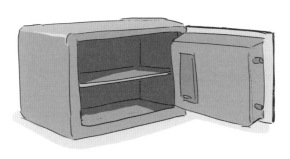

그중에서도 주가가 급락하지만
곧 반등할 수 있는 좋은 주식.
그런 종목을 선정해서
반등하려고 할 때마다
들어갔다 나오는 것,
딱 이거 하나였습니다.

계속
"딱 이거 하나…."

우리 같은
깜깜이는
그런 걸 고르는 것이
문제로세….

우리나라는 변동 폭이 크지는 않아도
자잘한 변동 폭이 좀 있는 편이다.

시장의 주도주 같은 것은
시장이 급락해서 주가가 빠지더라도
주변 환경이 좀 변하면 다시 반등한다.

그런 것만 공부하자.

다 같이 떨어져도
같은 주식이 아니다.

다 같이 빠지는 중에도 반등하는 것이 있었다.

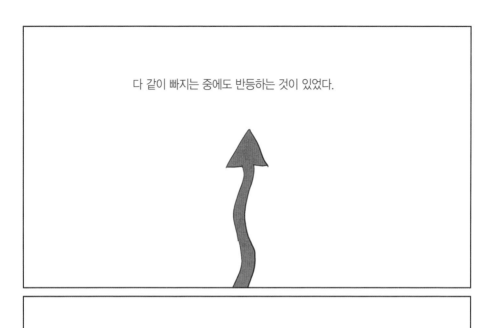

그런 걸
잘 잡아냈다고
봐야죠.

이건 정말
'촉'으로밖에
설명이 안 돼요.

책에서
가르치는 것
이외의
뭔가…
이런 거….

2019년 4월 22일 (월)

박상건 두나무투자일임 운용 실장

안녕하세요!

금일 주문 드립니다.

허영만

앗, 주문.

박상건 두나무투자일임 운용 실장

보유 중인 화승인더스트리 14주 1만 350원에
전량 매도.

디오 3만 9900원에
7주 매수입니다.

허영만

디오 현재가 3만 9900원인디 매수합니꺼?

늦어서 미안휴.

이제 바로바로 됩니다.

박상건 두나무투자일임 운용 실장

디오는 더 떨어졌네요~

박상건 두나무투자일임 운용 실장

7주 3만 9600원에 매수해주세요.

좀 더 떨어지는데 더 낮은 가격에
매수될수록 좋습니다.

넵. 멀티캠퍼스도
2주 5만 3600원에 매수해주세요.

허영만

디오 3만 9600원 × 7주 체결.
멀티캠퍼스는 5만 3600원 × 1주 체결.
잔고 부족으로 1주만 주문했슈.

 박동규 두나무증권 분석가 팀

인선이엔티 30%
분할 매도하겠습니다.

현재가 1만 650원.

허영만

101주 중
30주 매도하겠습니다.

 박동규 두나무증권 분석가 팀

30주 1만 700~1만 750원
매도해주시면 될 거 같네요.

허영만

느린 덕에 인선이엔티
1만 850원 × 30주
매도 완료.

박동규 두나무증권 분석가 팀

종목: **넷마블**
종목코드: 251270
매수가: 13만 5000 ～ 13만 7000원
매수주수: 5주(비중 약 5%)

| 투자 포인트 |
1. 게임주 주가에 가장 큰 영향을 미치는 요소는
   "신작 모멘텀".
   넷마블 2분기에 'BTS 월드', '세븐나이츠 2',
   'A3: Still Alive', '일곱 개의 대죄'(한국, 일본) 등
   신작 출시 예정.

2. 인기 있는 지식재산권(IP) 활용으로 흥행 기대감 UP.
   지난 3월 5일 사전 예약을 시작한 '일곱 개의 대죄:
   그랜드 크로스'는 일본 인기 만화로 만화책 누적
   발행 부수가 3000만 부를 돌파한 유명 IP 활용 게임.

3. BTS 수혜주로 새롭게 부각될 수 있음.
   'BTS 월드'는 다양한 엔딩이 존재하는
   육성 시뮬레이션으로 각 퀘스트를 완료할 때마다
   1만 장 이상의 멤버들 화보,
   100개 이상의 독점 영상을 제공할 예정.
   충성도 높은 팬층을 기반으로
   결제율이 높을 것으로 판단.

4. 모바일 게임 영업 환경 개선 + M&A 기대감

허영만

넷마블
13만 6500원 × 5주 체결.

방탄소년단의 인기몰이가
게임주까지 이어지는군요.

"한류 열풍이 국내 다양한 주식에
영향을 미친다"는 콘셉트로 접근하면
괜찮은 그림이 나올 듯합니다.

박동규 두나무증권 분석가 팀

네. 사실 팬들이라면 한 번씩은
게임에 접속해볼 가능성이 큽니다.

그리고 접속하고 게임 매출이
크지 않다 할지라도…
접속 직후 게임 트래픽에 대한 기사가
분명히 나올 겁니다.
그때 주가가 일시 급등할 수 있어서
그때 매도할 겁니다.

박동규 두나무증권 분석가 팀

이 종목을 5%만 매수한 이유는
조정받은 후에 추가 매수를 진행하기 위해서입니다.
비중은 최대 15%까지 올릴 수 있습니다.

허영만

멋진 전략이군요. 해당 주식은
뉴스에 큰 영향을 받을 듯합니다.^^

박동규 두나무증권 분석가 팀

그리고 타 게임주에 비해 주가 상승이 비교적 적었고
BTS 말고도 신작이 너무 많아서 매수 비율을 줄였습니다.
저 사업들 중에 하나라도 잘되면
상승 확률이 급격히 높아집니다.

이홍장 이상투자그룹 수석 전문가

안녕하세요.

변동성 완화 장치(VI) 설명입니다.

● 변동성 완화 장치의 의의
주식 시장은 선의의 투자자가 피해를 입지 않도록
'가격 제한 폭'으로 하루 동안에 개별 종목의 주가가
오르내릴 수 있는 한계 범위를 정해놓았지만,
장중에 개별 종목의 주가가 가격 제한 폭 내에서
급변할 경우 이를 완화할 수 있는 장치도 필요했다.
종목별 변동성 완화 장치는
대부분의 해외 거래소가 채택하고 있는
개별 종목에 대한 가격 안정화 장치로서,
주문 실수, 수급 불균형 등에 의해
일시적으로 주가가 급변할 경우
단기간 냉각 기간을 부여하여(2분간 단일가 매매 시행)
시장 참가자로 하여금 주가 급변 상황에 대해
주의를 환기시킴으로써
가격 급변을 완화하도록 하기 위한 제도다.
(출처: 한국거래소)

허영만

이홍장 자문님,
거래는 안 하셨는데 뭐…
특별한 이유라도 있으신가요?
금일 로보티즈가 약 6.93% 하락했는데
특별히 대응이나 코멘트가 없으셔서요.

이홍장 이상투자그룹 수석 전문가

오늘 종목은 없었습니다.
로보티즈를 7% 수익권에서
매도 못 한 게 아쉬운데 익절 못 했으므로
1만 8000원대에서 추가 매수 계획입니다.

하웅

매매 가능하세요?

하웅

파워로직스 300주 매수.

허영만

1만 1650원 × 300주
매수 완료.

2019년 4월 23일 (화)

박상건 두나무투자일임 운용 실장

금일 주문 드립니다.

종목	매매 구분	수량(주)	가격(원)
CJ프레시웨이	매도	1	33,450
삼영무역	매도	2	16.350
사람인에이치알	매도	2	22,400
에코마케팅	매도	12	27,950
디오	매도	3	40,000

허영만

모두 체결됐습니다.

이홍장 이상투자그룹 수석 전문가

로보티즈 1만 8000원,
100만 원 매수 주문합니다.

로보티즈 추가 매수합니다.

허영만

주문 완료.

이홍장 이상투자그룹 수석 전문가

지금 1만 8300원으로 변경하시고
오늘 체결 안 되면 내일도 합니다.

허영만

54주 주문 넣었습니다.

이홍장 이상투자그룹 수석 전문가

종목: 제일바이오
종목 코드: 052670
매수가: 5,050원

비중 100만 원 매수입니다.

체결됐습니다. 허영만

 이홍장 이상투자그룹 수석 전문가

전일에 로보티즈 1만 8000원에
매수하기로 했는데 아침에 좀 늦게
말씀드려서 아깝게 올라갔네요.
내일 다시 내려오면 매수하겠습니다.
제일바이오는 매수하고
수익으로 마감하였습니다.

제일바이오는 동물용 의약품 제조업체입니다.
최근 아프리카돼지열병이
중국 전역에 확산되면서
우리나라에서도 돼지고기 값이
상승하고 있는데요,
제일바이오가 아프리카돼지열병 관련주로 엮여서
주가가 상승하고 있습니다.
추가 상승을 기대합니다.

 박동규 두나무증권 분석가 팀

인선이엔티
1만 350~1만 400원에 30주
추가 매수하겠습니다.

어제 판 만큼 다시 매수.

어제 외국인이 60만 주나 순매수했는데,
오늘 팔 이유가 전혀 없습니다.
지금 외국인 순매도는 안 잡히고 있습니다.
해당 매도는 아마 개인투자자나
일부 기관 쪽에서 나오는 물량 같습니다.

박동규 두나무증권 분석가 팀

전일 시세 상승이 과한 면이 있지만,
오늘 하락도 과합니다.
그래서 어제 과한 상승에 분할 매도,
오늘 과한 하락에 추가 매수 하는 것입니다.

허영만

외국인이 사는 주식에 대한
믿음이 있으신 거군요.
카카오스탁에 〈샀다! 외국인〉 콘텐츠가
있는 이유가 있네요~

보통 외국인이 먼저 사고
다음에 기관이 사고
그 다음에 개인이 산다는 말을
들은 거 같습니다.

박동규 두나무증권 분석가 팀

우리나라는 저성장 국가로 진입해
이제 성장주 찾기가 쉽지 않습니다.
그런 와중에 폐기물 처리 업체가
성장주로 주목받으니
외국인이 러브콜을 하는 것입니다.

 박동규 두나무증권 분석가 팀

성장주는 결국 실적이 성장한다는
의미인데, 성장하기 위해서는

① 많이 팔거나
② 가격을 올리거나

둘 중 하나입니다.

근데 폐기물 산업이 지금 ①번과 ②번 모두 겹친 상황입니다.
물량 증가와 가격 상승이 동시에 일어나는 산업은
성장주에 최적의 요건입니다.
지금 한국에서 이런 업종은 찾아보기 드뭅니다.
외국인도 당연히 군침 흘릴 만한 요소라고 봅니다.

허영만

1만 350원에 매수 안 돼서
1만 400원 × 30주
매수 체결했습니다.

하웅

엔씨소프트 4주 시장가로 추가 매수.

매수가 알려주세요. 체결되면.

허영만

49만 9500원 × 4주
매수했습니다.

2019년 4월 23일 (화)

이홍장 이상투자그룹 수석 전문가

로보티즈 1만 8650원,
100만 원 추가 매수합니다.

허영만

1만 8650원 ×53주
체결됐습니다.

이홍장 이상투자그룹 수석 전문가

전일 매수한 제일바이오, 오전에 5% 이상
상승했는데 미리 매도 못 해서 아쉽습니다.

제일바이오 5,150원에 50만 원
매도 주문 넣습니다.

허영만

제일바이오 5,150원 × 98주
매도 주문 넣었습니다.

박동규 두나무증권 분석가 팀

종목: 넷마블
종목 코드: 251270
매수가: 9,600~9,720원
비중: 약 5~6%(약 50만~60만 원)

허영만

현재 가격은 13만 이상인데,
매수가가 9,600원에서
9,720원인데 맞나요?

박동규 두나무증권 분석가 팀

매수가 다시 수정해서 드릴게요.

– 인선이엔티 9,500원에 30주 매수 걸겠습니다.
– 넷마블 12만 8000원에 3주 매수 걸겠습니다.

인선이엔티는 지금 공매도 붙어서 단기 하락 가능성이
더 큽니다. 아랫단에서 추가 매수 진행 예정.

이거 주문 걸어주세요.

공매도에 굴복하면 죽음뿐.
맞서 싸웁니다.

마음 같아서는 '몰빵'하고 싶지만
참습니다.

허영만

매수 주문 넣었습니다.

박동규 두나무증권 분석가 팀

인선이엔티는 일시 급등하여 지금 개미 털기 진입.

개미 털기는 주식 매도하고 공매도 쳐서
추가 하락을 불러일으키고,
애매한 투자자들 한번 털어내고
다시 가려는 겁니다.

우리는 털리는 개미가 되지 않습니다.

인선이엔티 매수 안 되면
안 되는 대로 그냥 가겠습니다.
매수가 올리지 않겠습니다.

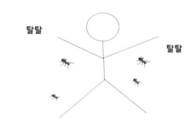

제가 몸 떠는 모양을 잘 표현 못 하겠는데
이런 그림이면 좋을 듯싶습니다.

97

박동규 두나무증권 분석가 팀

좀 더 재미날 수 있게
고민 많이 해볼게요.ㅎㅎ

허영만

디테일한 설명!

넷마블 1만 2800원 × 3주
체결됐습니다.

박동규 두나무증권 분석가 팀

감사합니다.

박동규 두나무증권 분석가 팀

오늘 삼성전자, SK하이닉스
전부 급락합니다.
미국 주식시장은 사상 최고치인데,
한국은 계속 하락합니다.

이런 걸 디커플링*이라 하는데,
디커플링이 심화되면 투자 심리는
더욱 위축될 수밖에 없습니다.
하지만 위축됐다고 해서
포기하고 나가면 안 되겠죠?

● 디커플링(decoupling)
함께 움직인다는 뜻의 커플링(coupling)과 반대되는 개념으로 비동조화를
의미한다. 크게는 국가 경제 전체에서, 작게는 주가나 금리 등 국가 경제를
구성하는 일부 요소에서 나타나기도 한다. 수출과 소비, 주가 하락과 환율
상승 등과 같이 서로 관련 있는 경제 요소들이 비동조화하는 현상을 포괄
하는 개념이다.

예를 들어, 우리나라 경제는 미국 경제의 영향을 크게 받는데 미국 주가가
오르거나 떨어지는 데 따라 우리나라 주가도 함께 오르거나 떨어지는 경
우가 있다. 이런 현상을 커플링이라 한다. 하지만 이러한 일반적인 흐름과
달리 미국 주가가 오르는데도 우리나라의 주가는 하락하는 경우를 디커플
링이라고 한다.

박동규 두나무증권 분석가 팀

어려울 때일수록 잘 붙들고 버텨야 합니다.
지금 잘못 매도하면
나중에 주식시장이 반등했을 때
뒤늦게 추격 매수할 경우
더 힘들어집니다.

 박상건 두나무투자일임 운용 실장

금일 주문 드립니다.

에코마케팅 15주 2만 8100원 매도.

허영만

에코마케팅은 11주만 남아 있습니다.

전량 매도할까요?

 박상건 두나무투자일임 운용 실장

아니요. 그럼 금일 매수 주문은
가능한지 한 번 확인해주세요.

더존비즈온 매수 좀 하려고요.

허영만

현재 3만 3796원 남아 있는데
괜찮을까요?

 박상건 두나무투자일임 운용 실장

증거금*으로 매수 가능할 텐데.

한번 한 주만 먼저 매수해봐 주시겠어요?

● 증거금
증권 시장에서 고객이 주식을 매매할 경우 약정 대금의 일정 비율(대개 약정 금액의 40%)에 해당하는 금액을 미리 예착해야 하는 보증금. 또한 주식 거래에 있어서 투자자는 보유 금액보다 2.5~2.8배 많은 금액의 주문이 가능한데 이를 '증거금 제도'라고 부른다.

허영만

한번 해보겠습니다.
얼마에 매수할까요?

박상건 두나무투자일임 운용 실장
5만 2900원이요.

허영만
됐습니다.

자문님 말대로 증거금으로
매수 가능한 것 같은데
몇 주 더 구매할까요?

박상건 두나무투자일임 운용 실장
넵넵. 한 6주만 더 사려고요~

허영만
더존비즈온 아까 것과 합쳐서
총 5만 2900원 × 7주 체결됐습니다.

박상건 두나무투자일임 운용 실장
넵~ 그럼 총 21주죠?

이지바이오도 5주 추가 매수하겠습니다.
8,220원.

안 나갔으면 현재가로.

허영만
체결됐습니다.

박상건 두나무투자일임 운용 실장
혹시 주문 중에 떨어지면
현재가로 내셔도 됩니다.

그렇게 체결되었네요. 이번엔~^^

D+2˙ 현금이 얼마로 나오나요?

> ● D+2 현금
> D일은 주식 매도일. D+2 현금
> 은 주식을 매도한 이틀 뒤 계좌
> 에 입금되는 현금을 말한다.

허영만

18만 7103원으로 나옵니다.

하웅

매수 가능 금액?

허영만

154만 4680원입니다.

2019년 4월 25일 (목)

이홍장 이상투자그룹 수석 전문가

전일에 이어 최근 약세장으로
지수가 하락하면서 종목들도
영향을 받고 있습니다.

로보티즈도 전일에 이어
오늘 오전에도 지수의 영향을 받아
약세를 보이고 있습니다.
하지만 최근 조정을 받았으므로
좀 더 보유하고
흐름을 지켜보도록 하겠습니다.

박동규 두나무증권 분석가 팀

인선이엔티 9,400원에 30주
매수 걸겠습니다(어제 체결 안 된 거).

허영만

체결됐습니다.

박동규 두나무증권 분석가 팀

인선이엔티의 경우 지난 4월 22일
장중 신고가를 기록한 뒤
주가가 크게 조정받고 있는 모습인데요.
하지만 투자 포인트는 크게 달라진 점이 없습니다.
따라서 조정 시 지분 확대로 대응하겠습니다.

건설 폐기물 처리 단가 상승,
매립 사업 재개 등을 고려할 때
인선이엔티가 매립 단가 인상의
최대 수혜주가 될 것으로 예상합니다.

 박상건 두나무투자일임 운용 실장

우선 저희 잔고 내역 좀 알려주시구요~

허영만

18만 7144원입니다.

 박상건 두나무투자일임 운용 실장

제가 말씀드렸던 금액은
D+2 예수금인 거예요.

허영만

18만 7103원으로 나옵니다.

현금잔고(원)			미수/미납금		대용금(원)	
당일현금	598,394	주문가능 187,144	현금미수	0	당일대용	6,899,480
D+1 현금	187,103	주식증거 411,250	신용이자	0	주문가능	6,899,480
D+2 현금	187,103	신용보증	대출이자	0	매수증거	0
출금가능	187,144	신용담보	연체료	0	매도증거	0
전일매도	0	금일매도	기타미수	0	신용보증	0
전일매수	411,291	금일매수	기타대여	0	신용담보	0

 박상건 두나무투자일임 운용 실장

보유하고 있는 주식을 매도했을 경우
결제일인 D+2일에 실제 현금이 들어오는데,
실제 현금이 들어오기 전에도 매도했던 금액을
기반으로 결제일 전에도 계속 매수할 수 있습니다.

박상건 두나무투자일임 운용 실장

사실 신용 매매를 하고자 하는
경우가 아니라면 증거금을
신경 쓸 필요는 없습니다~

2019년 4월 26일 (금)

박상건 두나무투자일임 운용 실장

안녕하세요?

금일 주문 드립니다.

무림페이퍼 30주
3,525원에 매도해주세요.

LG전자우 2주
2만 9950원 매수해주세요.

허영만

체결됐습니다.

지난번에 개별 종목 투자와
포트폴리오 투자에 대해서
잘 설명해주셨습니다.
이번은 어떤 전략인지
궁금한데요?

 박상건 두나무투자일임 운용 실장

제가 이번에 매매한 전략은
두 가지인데요, 두 전략은
각기 콘셉트가 다릅니다.

첫 번째는 '평생 투자하고 싶은 기업에
장기 투자'하는 것을 원칙으로 하며
'주가가 아닌 기업의 미래 가치만을
판단하고 분석할 수 있는 기업에
집중 투자'하는 전략입니다.

두 번째는 연 26%를 달성하기 위해
'집중투자, 안전 마진 확보, 독립적인
사실 수집'을 원칙으로 투자합니다.

박상건 두나무투자일임 운용 실장

| 투자 포인트 |

1. 평생 투자하고 싶은 기업에
   장기 투자하는 것을 원칙으로 합니다.

2. 주가가 아닌 기업의미래 가치만을
   바라보며 투자합니다.

3. 특히 어떤 이유든지 미래 가치에 비해
   저평가받고 있는 기업들이
   주로 투자 대상이 됩니다.
   이들이 주목받기까지
   매우 긴 시간이 걸릴 수도 있어서
   소외주 성격이 강하지만,
   시장의 주목을 받기 시작하면
   놀라운 퍼포먼스를
   기대할 수 있습니다.

| 세부 투자 전략 |

1. 집중 투자

분산투자는 투자 대상에 대한 불확신의 표현입니다.
위험은 종목 수를 늘리는 만큼이 아니라,
투자 대상에 대해 아는 만큼 줄어듭니다.
집중투자를 통해서만 종목당
리서치 투입 확대가 가능합니다.

2. 안전 마진
   복리 효과를 보기 위해서는
   잃지 않는 투자가 중요합니다.
   주가는 기업 가치에 수렴하고,
   기업 가치는 변할 수 있음을 인지해야 합니다.
   현재 기업의 시장 가격과 최악의 상황을 가정한
   기업 가치의 차를 안전 마진으로 적용합니다.

3. 독립적인 사실 수집
   고수익을 내기 위해서는 인내가 필요합니다.
   인내를 위해서는 리서치에 대한 확신이 필요하고,
   확신을 갖기 위해서는
   핵심 근거를 직접 현장에서 검증해야 합니다.

허영만

아하! 이러한 투자 철학과 원칙을 갖고
포트폴리오를 구성하는 것이네요.

 박상건 두나무투자일임 운용 실장

네. 그렇습니다.
자문사들은 각각 본인의 투자 스타일이 있습니다.
어떤 자문사는 굉장히 공격적인 투자를 하는 반면
어떤 자문사는 좀 더 안정적인 수익을 내는 방식을
택하죠. 배당주에 집중하여 좀 더 확정된 수익을
추구하는 전략을 주로 구사하는 자문사도 있습니다.

허영만

그런 투자 스타일에 맞는 전략을
어떻게 짜죠?
그런 종목들만 모아 놓는 것인가요?
그리고 그런 종목들은
어떻게 선택하나요?

 박상건 두나무투자일임 운용 실장

투자 스타일에는
투자자의 투자 원칙이 반영되어 있습니다.
물론 비슷한 성격의 종목들을 모아놓기도 하지만
각자의 경험과 지식을 토대로 세운 원칙을 지키면서
본인들의 고유한 전략을 운용하는 것이지요.
종목의 적정 주가가 얼마인지 판단하는
리서치 능력과 매매하는 스킬, 손절매 기준도
역시 자문사 고유의 기술입니다.
개인투자자도 얼마든지
종목 리서치를 비롯한 투자 원칙을 갖고
투자하실 수 있습니다.
그러나 자문사나 자산운용사는
전략 하나를 구사하기 위해
개인이 아닌 팀을 움직이기 때문에
각종 시장 정보에 대한 접근과 분석 능력이
개인보다 뛰어납니다.
따라서 저는 '종목이 아닌 전략에 투자하라'고
말씀드리는 것입니다.

허영만

개인이 보지 못하는 부분이
있다는 말씀이지요?

 박상건 두나무투자일임 운용 실장

네. 예를 들면 한 기업을 분석할 때
가장 먼저 뒤져보는 것이 재무제표죠.
그렇게 회사의 재산 상태와 경영 상태를
파악한 후에 좀 더 자세한 정보를 얻기 위해
자문사나 자산운용사에서는
기업 탐방을 나갑니다.
직접 해당 기업을 방문하여
글과 숫자로 본 내용을
눈으로 확인하는 것이죠.
탐방을 가지 않더라도
증권사 투자분석가들의 세미나 등을
통해서 여러 정보를 수집하죠.
이렇게 팀원들이 수집한 정보를 바탕으로
회의를 열어 투자 여부를 최종 결정합니다.
개인이 조사한 정보와는
큰 차이가 있을 수밖에 없습니다.

허영만

그러면 자문사나 자산운용사,
투자분석가들만 그러한 정보를
접할 수 있다는 말인가요?
그들만의 리그??

박상건 두나무투자일임 운용 실장

그런 것은 아닙니다.
개인도 얼마든지 노력하면
그런 정보들을 얻을 수 있습니다.
'저희만의 리그'라고 한다면
소위 미공개 정보를 이용한다고 오해할 수 있는데
미공개 정보를 활용한 투자는 자본시장법으로
철저하게 금지돼 있습니다.
제가 말씀드리는 것은
같은 공개된 정보라 할지라도
그 정보가 의미하는 바를 좀 더 세세하고 정확하게
파악할 수 있다는 뜻입니다.

허영만

흠… 같은 정보인데
크게 다를 게 있을까요?

 박상건 두나무투자일임 운용 실장

쉬운 말로 사과가 몸에 좋다는 것은
모든 사람이 다 알고 있는 사실입니다.
하지만 의사나 영양사와 같은 전문가들은
사과의 어떤 성분이
우리 몸에 어떻게 도움을 주고
또 어떻게 섭취하는 것이
가장 바람직한지를 알고 있지요.
어떤 음식과 함께 먹었을 때
효과가 극대화되는지까지도 알고 있습니다.
개인과 자문사의 차이도
같은 맥락으로 이해하시면 됩니다.
이 기업의 어떤 정보가 주가 상승을
이끌어낼 수 있는 핵심 정보인지,
그리고 이 기업의 주식과 어떤 주식을 같이 투자했을 때
더 나은 수익을 낼 수 있는지를
분석할 수 있다는 것이죠.

허영만

원칙을 가지고
포트폴리오를 구성한다는 의미가
그런 것이군요. 그런 전략이
개별 종목보다 무조건 좋다는 얘기인가요?

박상건 두나무투자일임 운용 실장

음… 그것은 수익과 위험으로 설명드릴 수 있을 것 같네요.
오로지 수익의 관점으로만 접근한다면
소위 날아가는 한 종목에 '몰빵'하는 것이 좋겠죠?
하지만 투자 행위에는 항상 위험이 따른다는 것을
명심해야 합니다. 모든 투자에는
항상 '원금 손실의 위험'이 따릅니다.
주식시장에서는 항상 호재와 테마가 있습니다.
그리고 특별한 호재 없이도 주가가 두세 배까지 오르다
이후 내리 하락하는 경우도 빈번하게 있습니다.
이러한 종목들을 미리 선점하여 꼭대기에서 매도하면
어마어마한 수익이죠.
하지만 대부분 중간 혹은 꼭대기에 올라탔다가 물려서
손해를 보는 경우가 태반입니다.
호재나 테마가 있어도 항상 위험에 대해
충분히 조사해두어야 합니다.
내가 감내할 수 있는 수준의 위험이 어디까지인지
기준을 명확하게 세워야 합니다.
이러한 위험은 한 종목의 '몰빵'이 아닌
분산투자를 통해 줄일 수 있습니다.

이홍장 이상투자그룹 수석 전문가

아시아나항공 매수합니다.

종목: 아시아나항공
종목 코드: 020560
매수가: 6,550원
(매수가 걸어두세요.)
비중: 100만 원

허영만

체결됐습니다.

아시아나항공은
금호그룹에서 매각돼 최근
엄청나게 이슈가 된 종목이군요.
추가 상승을 기대해볼 수 있을까요?

이홍장 이상투자그룹 수석 전문가

네. 올 거 같습니다.

3화

전부 다 폭락하지는 않는다

2018년에 전 세계적으로 주가가 한번 빠지니까 우리나라도 양대 축이 빠져버렸다.

바이오 헬스케어와 반도체 분야.

바이오 헬스케어는 회계적인 측면에 문제가 있어서 회복이 잘 안 됐고

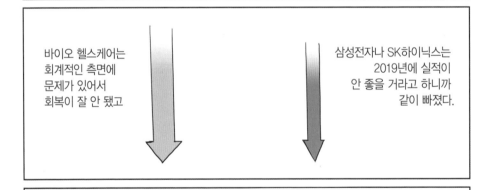

삼성전자나 SK하이닉스는 2019년에 실적이 안 좋을 거라고 하니까 같이 빠졌다.

그런데
한 번 하락했다고
기업이 망하는 건 아니죠.
SK하이닉스 주식이
많이 올랐죠.

삼성전자는 액면 분할* 했는데도 아직 본전도 못하고 있잖아요.

주주 수는 많아졌는데 주가는 올라가지 않고 있지요.

저는 우리나라에서 주식투자가 어려운 원인을 찾아봤어요.

● 액면 분할
주식의 액면가격을 일정한 비율로 나눠 주식의 수를 증가시키는 일. 예컨대 액면가격 5,000원짜리 1주를 2,500원짜리 2주로 만드는 경우다. 시장 주가가 지나치게 높게 형성돼 주식 거래가 부진하거나 신주 발행이 어려울 때 행한다.

첫 번째, '코리아 디스카운트'*.

삼성전자가 지금도 저평가되어 있는데 어디까지 내려가라는 겁니까?

● 코리아 디스카운트
남북대치상황에 따른 지정학적 불안 요인으로 인한 주식 저평가

두 번째, 시중에 나와 있는 수십 종의 주식투자 가이드 책은 미국식 시장 상황을 기본으로 두고 만들어졌어요.

허나 미국과 우리는 사정이 다릅니다.

세 번째, 그러다 보니 투자자들이 자신감을 잃고 전문가 모임을 찾아다니는데요,
비용 대비 효율성 측면에서 과연 옳은지 모르겠습니다.
우리나라 시장이 장기 박스권*에 갇힌 상태에서
고점 부근에서는 과열에 의한 '탐욕'이 생기고
바닥 부근에서는 '공포'에 의한 투매를 부르곤 하는데,
투자자가 심리를 반대로 바꾸면 좋은 결과가 생기지 않을까요!

● 박스권
주식의 가격이 최고점과 최저
점 사이에서 벗어나지 않는
상태가 계속 반복되는 구간

99년 처음 주식을
시작했을 때
잘되더라고
얘기하셨죠?
어째서죠?

그때 폭락하던 시장에서도
저는 수익을 내고 있었어요.
주식을 보유하면 손해니까
보유하지 않는다는
원칙을 지키면서 가는 주식은 뭘까,
시장을 눈여겨봤더니
보이더라고요.

그때 IT가 대세였는데
IT 기업이 줄줄이 폭락하는 가운데
어떤 기업은 반등했다.
사람들이 모이는 인기주였던 것이다.

그래서 그런 기업이 반등을 하면
하루에도 몇 번씩 사고팔아서
수익을 냈었고,
싸게 사서 비싸게 파는
매매를 할 수 있었다.

산삼 캐러 산에 갔는데
앞선 사람은 못 보고 지나친 걸
뒷사람이 보는 경우 같은 거네요.

그렇게
볼 수 있지요.

처음에는
내 눈에 보이니까
다른 사람들 눈에도
보이는 줄 알았어요.

그런데
다른 사람들은
거꾸로 매매하고
있더라고요.

저는 반등할 때 샀는데
그분들은 반등할 때 팔아요.

주가가 떨어지는 똑같은 상황을 보고
저는 '주가가 바닥을 칠 때 사고
고가일 때 팔아서
수익을 내야지' 생각하는데,
그분들은 주가가 하락하면
끝도 없이 추락할 거라고 보고
얼른 팔아야겠다고 생각하는 거죠.

주가가 빠지는 것만 보니까
마음이 불편한 거죠.

이미 사 놓은 주식의 가격이
빠지니까 불편하다고요?

사 놓은 걸
물릴 수도 있지만
주식이 없는 사람도
주가 빠지는 걸 보면
마음이 불편해요.

● 물리다
손실 중인 매수 종목
을 계속 보유하는 것

호가 창에서
매도는 계속 늘고
매수는 줄어요.
매도 물량은 계속 쌓이고요.

그러면
'이 종목은 틀렸구나.'
이런 생각이 들어요.

그러면 곧 자신의 주식을
서둘러서 손절매해버리거나
혹시나 하는 생각에
조금 더 버티다가
'이크!' 하면서
손절을 합니다.

그런데 이 상황을
한 교수는 반대로 생각한 것이다.

좋은 주식은
반드시
반등한다

안돼!
안돼!

마음이 불편해서 매도한 투자자는
그 주식이 반등하더라도
매수하지 않는다.

오늘
좀 가네?

내일
또 떨어질 텐데
뭘….

저것 봐.
매수 세력이
몰렸어.

어? 오늘은
매도 세력이 약해지면서
매수 세력이 강해지니까
계속 올라가는구나!

가는 게
간다더니
진짜 가나보다!

덜컥 사고 만다.
허나 한 교수는
이미 손을 턴 후다.

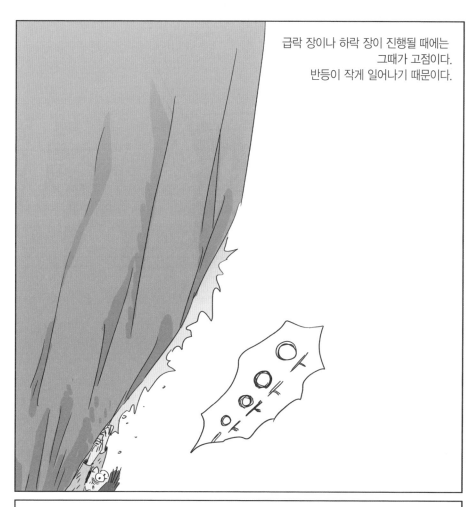

급락 장이나 하락 장이 진행될 때에는
그때가 고점이다.
반등이 작게 일어나기 때문이다.

아
악
악

주가가 내려갈 때는
마음이 불편해서 팔았고,
주가가 올라갈 때는
마음이 편해서 샀다.

저는 주가가 바닥일 때
불편한 마음으로 사서
마음이 편할 때 팔죠.

똑같은 사람이고
상황도 똑같은데
판단은 이렇게 다르다.

이 작전은
단타에도 적용되고
연간 기준에서도
똑같이 유효합니다.

당일 매매(데이 트레이딩)는
순간적으로 집중해야
하기 때문에
머리를 많이
써야 합니다.

만화 그리는 것도
마찬가지예요.

머리를 쓰는 것이
그냥 보고서 쓰듯
하는 게 아니라
돈이 왔다 갔다 하니까
피가 마릅니다.

만화도 마찬가지죠.
잘 그리면 인기가 좋아져서
원고료가 오르고,
잘 못 그리면 인기가 떨어져서
원고료가….

한 교수 말씀
경청! 경청!

매매할 때
계속 극도의 정신력을 사용하면
몸과 심장이 금방 상한다.
그래서 한 교수는 연구했다.

처음에는
하락장에서
단기 매매로
수익을 내는 방법을
찾는 것으로 시작했죠.

이후에는 상승장에서 매매했다.
상승장에 맞는
매매 방법을 연구했고
지금은 전체 시장과 관련된
매매 방법을 연구한다.

우리나라는 미국과
시장구조가 다르니까
워런 버핏(Warren Buffett)식 장기 보유를
그대로 똑같이 따라 할 필요는 없다.

시장 전체와 관련해서
국내외 정치·경제의 변화를 항상 체크하고
국내 시장의 대표적인 성장 산업을 눈여겨본다.
우리나라 경제는 수출 주도형이어서
미국, 중국과 같은 경제 강대국의 영향을
많이 받는다는 점도 참고한다.

박스권 하단에서
성장하는 산업의 주식을
여럿 사두면 시간 여유가 생겨서
다른 일도 할 수 있어요.

아, 그래서
강의도
하는 거군요.

소문에는 100억을
운용하신다는데….

그리고 기대 이상의 수익을
올리기 위해서는
시장에서 유행하는
인기테마주의 발생-확장-축소
세 가지 과정을 통해
주가·수급의 움직임을
잘 살펴보는 것이 중요합니다.

그런 걸 염두에 두고 보면
인기테마주는
시간이 지나면서
계속 교체되지만
주가나 수급의 움직임에는
어떤 공통점이 있다는 걸
알게 됩니다.
재료와 함께 거래량, 변동성,
추세나 패턴 같은 것들로
변화를 판단하지요.

2000년에
IT가 떴다면
그 이후에는
바이오 헬스케어가
떴고요.

100억 맞습니까?

2019년 4월 29일(월)

 박상건 두나무 투자일임실장

안녕하세요?
주말 잘 보내셨나요?

D+2일 현금 알려주세요~

허영만

23만 2624원입니다.

 이홍장 이상투자그룹 수석 전문가

아시아나항공
6,550원에 매도 주문 넣습니다.

추가 상장 뉴스가 나와서
본전에 오면 매도하고 다시 보겠습니다.

허영만

전량 매도하면 되나요?

 이홍장 이상투자그룹 수석 전문가

네, 아시아나항공
전량 매도 주문 넣습니다.

허영만

매도 주문 넣었습니다.

 하웅

엔씨소프트
51만 2000원
3주 추가 매수요~

허영만

체결됐습니다.

 하웅

매수가가?

허영만

51만 2000원입니다.

 하웅

51만 2000원을 간 적이 없는데….

주문 가격 말고
매수 체결 가격이요.

허영만

아하! 죄송합니다.
51만 원에 체결됐습니다.

앗! 죄송합니다셔
화장실 가면서
사오정에게 맡겨 놨더니
그만....

2019년 4월 30일(화)

 하웅

파워로직스
손절매해주세요.
시장가 매도.

허영만

1만 650원에 300주 전량
매도했습니다.

하웅

엔씨소프트 52만 5000원
나머지 매수.

허영만

100% 매수인가요?

하웅

남은 금액 모두요.

허영만

52만 5000원에
6주 체결됐습니다.

이홍장 이상투자그룹 수석 전문가

아시아나항공 올라갑니다.

허영만

이 자리에서 반등이 나오는군요….
신기하네요. ^^;

이홍장 이상투자그룹 수석 전문가

네. 기법의 자리라서 반등 나옵니다.

7,000원에 50만 원
절반 매도 주문합니다.

 허영만

7,000원에 76주
주문 넣었습니다.

기법에 대한 설명 좀
해주실 수 있을까요?
대외비인가요? ㅎㅎ

 이홍장 이상투자그룹 수석 전문가

네. 매도하고 설명드리겠습니다.

종목: 크린앤사이언스
종목 코드: 045520
매수가: 2만 3750원(매수가 걸어두세요.)
비중: 100만 원

 허영만

2만 3750원에 42주
주문 넣었습니다.

크린앤사이언스
체결됐습니다.

허영만

아시아나항공 올라갑니다.

앗! 다크호스
엄마네 등장

주식공부한다고
산에 들어갔다더니

허영만

시장가로 매수할까요?

 허영만

ㅇㅋ.

허영만

10만 2000원에 7주
체결됐습니다.

 허영만

7주밖에 안 돼?

허영만

시장가 주문이면 상한가로 주문하는 것과
동일하기 때문에 100만 원어치를 주문 넣으면
7주 정도 체결되는 게 맞습니다. ^^

금요일(5월4일) 현재
주당1000원 손실중

박동규 두나무증권 분석가 팀

넷마블 신작 게임인 '마블 퓨처파이트'가
1억 다운로드를 넘겼다는 소식입니다.
넷마블은 유명 IP(지식재산권) 기반의 게임을 다수 출시해서
신작 실패 가능성을 낮추는 전략을 채택하고 있습니다.

한국 게임 산업이 어렵다고 하는 요즘,
이런 식의 실패 최소화 전략은 아주 스마트한 것이고,
이때를 투자 기회로 삼아볼 수도 있습니다.

이홍장 이상투자그룹 수석 전문가

| 보유 종목 브리핑 |
1. 로보티즈
   기술적으로 60일선* 지지하면서
   추가 상승을 기다리고 있습니다.

2. 제일바이오
   기술적으로 20일선* 지지하면서 반등이 나오고
   있습니다. 추가 상승을 기다립니다.

3. 아시아나항공
   전일 상승에 따른 눌림이 있습니다.
   전일 고점 돌파 여부를 보고 매도하겠습니다.

●60일선
4개월 동안의 평균
매매가격. 중기적 추
세선

●20일선
1개월 동안의 평균 매
매 가격. 현 주가 흐름
의 방향을 나타내는 지
표로 이용된다.

이홍장 이상투자그룹 수석 전문가

전일 매수한 크린앤사이언스
급등 나왔는데 재반등 시 매도하겠습니다.

2만 5000원에
50만 원 절반 매도 주문 넣습니다.

135

이홍장 이상투자그룹 수석 전문가

종목: 우성사료
종목 코드: 006980
매수가: 3,620원
비중: 100만 원
투자 포인트: 돼지열병 관련주

매수가 3,615원으로 변경합니다.

지금 매수 주문하세요.

허영만

우성사료 3,620원에
276주 매수 체결됐습니다.

크린앤사이언스 21주
매도 주문 넣었습니다.

 이홍장 이상투자그룹 수석 전문가

제넨바이오를 비롯해서
로보티즈, 제일바이오, 아시아나항공,
크린앤사이언스, 우성사료.
추천주마다 다 상승하여 수익권이었으나
수익 실현을 못하고, 길게 보려다가
손실 구간으로 접어든 종목도 있어서
수익이 나면 매도하는 전략으로 갑니다.

이홍장 이상투자그룹 수석 전문가

꾸준한 수익으로 누적 수익을
쌓아가는 것이 이런 장에서는 좋습니다.
뚜렷한 시장주도주가 없는 가운데
산업별(섹터별) 순환매가
빠르게 일어납니다.
그러므로 수익이 나면 분할로 매도하여
수익을 챙기면서 가겠습니다.

전 종목 수익 실현이 목표인데….
이제부터 바짝 수익을 챙기겠습니다.

허영만

화이팅!

하웅

| 보유 종목 브리핑 |
1. 파워로직스
   실적 선반영에 따른
   매수 포인트 실패에 따라 손절매

2. 엔씨소프트
   • 현재 세 번 분할 매수로
     모든 금액을 투자함.
   • 외인과 기관의 수급 양호 재료.*
   • 하반기 9월 '리니지2M' 출시예상.
   • 차트 상장 후 최고가 상태라
     단기 재료로 쉽게 급등하리라 예상됨.
     매매 원칙에 부합함.

가는 종목이 더 갈 가능성이 농후해 보여서
제 스타일은 아니지만
이번 종목은 중장기 투자하겠습니다.
단, 손절매 10% 이하 지킵니다.

> ● 재료
> 주가 등락의 원인이 되는
> 사건을 말한다. 주가를 올
> 라가게 만드는 요인은 '호
> 재', 내려가게 만드는 요인
> 은 '악재'라고 한다.

허영만

화이팅!

2019년 5월 3일(금)

이홍장 이상투자그룹 수석 전문가

우성사료
3,645원 전량 매도합니다.

크린앤사이언스
2만 4550원. 50만 원 매도.

허영만

우성사료
3,645원 276주
전량 매도 체결됐습니다.
수익률 0.36%

크린앤사이언스
2만 4550원 21주
절반 매도 체결됐습니다.
수익률 3.03%

이홍장 이상투자그룹 수석 전문가

아시아나항공 수익률
어떻게 되나요?

앗! 크린앤사이언스 급등.

역시 내가 파니까
날아가는 진리. ㅎㅎ

이홍장 이상투자그룹 수석 전문가

전량 매도합니다.

크린앤사이언스 2만 5500원 매도.

10초 만에 8%를 치고 빠지다니
대단한 크린앤사이언스입니다.

허영만

크린앤사이언스
전량 매도 주문 완료.

아시아나항공은
아직 체결되지 않아서
수익은 없습니다.

139

이홍장 이상투자그룹 수석 전문가

아, MTS(Mobile Trading System, 모바일 증권거래 시스템)에
현재 수익률이 나올 텐데요.

스마트폰으로 하면
현재 상황이 나와요.

허영만

〈 매매내역

아시아나항공
현재가 : 6,510

종목상세 〉

보유현황 19-04-26 ~ 진행중 　　　　 **주문** 〉

매수가	보유수량	투자금
6,550	152주	995,600
보유일	수익률 ⑦	보유수익 ⑦
7일	-0.92% (수수료, 세금 포함)	-9,128 (수수료, 세금 포함)

매매내역

매수 19.04.26	152주 6,550	995,600

 이홍장 이상투자그룹 수석 전문가

수고하셨습니다.

체결되었겠네요.

허영만

크린앤사이언스
2만 5000원 21주
전량 매도됐습니다.
첫 번째 절반 매도,
두 번째 절반 매도.
수익률 총 5.03%

허영만

좋은 수익♥

아, 앱에 시간별로
수익률도 뜨네요. ㅎㅎ

두 번째 절반 매도
수익률은 7.04%입니다.

이홍장 이상투자그룹 수석 전문가

제일바이오 4,590원.
50만 원 매수합니다.

제일바이오 50만 원
남아 있지요?

 허영만

넵, 100주 남아 있습니다.

제일바이오 4,590원 108주
매수 체결했습니다.

이홍장 이상투자그룹 수석 전문가

4,605원.
50만 원 매수합니다.

 허영만

추가 매수인가요?

이홍장 이상투자그룹 수석 전문가

제일바이오 기존에 50만 원 있었고
지금 50만 원 추가 매수했습니다.

그럼, 보유 주식의 평균 매수 단가(평단가)가
얼마인가요?

허영만

4,590원입니다.

이홍장 이상투자그룹 수석 전문가

저번에 제일바이오
50만 원 팔고 50만 원 남은 거 있지요?

오늘 제일바이오 추가 매수했으니
평단가가 합쳐지면 얼마가 되나요?

허영만

4,811원으로 나옵니다.

자문님의 카카오스탁으로
이홍장을 구독하시면
확인 가능하셔요….

이홍장 이상투자그룹 수석 전문가

네, 감사합니다.
수고하셨습니다.

누적 수익률
(2019년 4월 15일 ~ 2019년 4월 30일)

자문단 수익률		

하웅 0.29	최준철 0.04
이홍장 −1.3	박상건 2.44
박동규 −0.78	허영만 0.04

총평가금액 59,970,711원 (수수료 제외)

허영만 종합 수익률 −0.06 %	코스피 등락률 −1.75 %	코스닥 등락률 −1.57 %

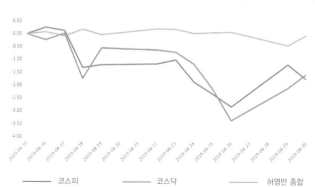

코스피·코스닥 주가지수 등락률과 허영만 계좌 종합수익률
(투자 시작일 4월 15일 기준)

4화
따라 하고 싶은 매매 방법

100억…
운용하신다는 것
맞냐고요.

최근에는
4차 산업 쪽입니다.

그런 산업을 발굴해서
투자하려고 했는데
제가 생각했던 것보다
수익이 크질
않더라고요.

얘기하기
싫으신 거구나.

나도
그 정도 눈치는
있다고….

규제·제도 미비 등의 문제로
제품·서비스 시장이 확대되지 않고
자본이 원활하게 유입되지 않아 발목을
잡고 있는 것이다.

아…
좋은 기술이 있다고,
가능성이 보인다고
무조건 넣으면 안 된다.

맞아요.
주의가 필요합니다.
성급하게 투자하기보다는
과정을 꼼꼼히 체크할
필요가 있습니다.

그래서
제가 잘할 수 있는 부분에만
투자를 합니다.

장이 안 좋으면 좋은 쪽으로
몰아넣나요?
빼버리나요?

뺍니다!

2018년의 경우
삼성바이오로직스 회계 문제,
노사 간의 갈등 등
코리아 디스카운트가 부각되며
투자하기 어려운 환경이
조성되더라고요.

하반기에는
미중 무역 분쟁이
본격화되었고요.

우리나라 수출입이
중국 의존도가 높은데 걱정입니다.
'고래 싸움에 새우 등 터진다'는 말이
생각납니다.

가을이 오기 전에
싹 빼냈습니다.

잘하셨네요.
그때 코스피 지수가
2,400포인트였어요.

곧바로 2,000으로 떨어졌지요.

아뇨. 중장기 종목은
손실이 없었어요.
하지만 수익도 크질
않았어요.

작년에 손실이
있었나요?

지금은?

주식시장 전반의 비전이
아직 불분명하여
중장기 투자는
들어가지 않고 있습니다.

제 경험을 사람들에게 얘기해주고 싶어요.

시행착오는 줄이고 무모한 매매는 하지 말라고요.

'주식 서적을 그대로 믿지 마라.'
'언론 기사 내용을 그대로 믿지 마라.'
이런 얘기를 해주고 싶어요.

그러면 믿을 데가 없는 거네요.

현재의 경기를 판단하는 지표 중에 '경기동행지수 순환변동치', '경기선행지수 순환변동치'라는 것이 있는데,

두 지표가 동시에 10개월째 하락 중이에요. 경기가 안 좋다는 거죠.

그런데 경제 기사를 보다 보면
고용이 잘되고 있으니까 경기가 살아날 것이라고
말하는 기사가 가끔 있다.

아무 경제 지식이 없는 사람은
좋다고 하니까 덜컥 주식을 산다.

국내 증시가 박스권에 있지 않고 성장하는 산업이 많다면
큰 문제가 안 되겠지만, 결과는 그리 좋지 않다.

주요 정치 상황이나 경제정책은
챙겨보는 편입니다.
우리나라는 수출주도형 경제여서
영향을 많이 받으니까요.

중국, 미국, 일본 시장도
들여다보시나요?

맞습니다.
무리한 투자는
안 하니까요.

지금까지 투자해오신
얘기를 들어보면
큰 위기는 없었겠어요.

간단하게
소수의 종목만 가지고 매매하는
방법이 있어요.

시기마다 평균 이상의 이익을 얻는
대표 우량주들이 있습니다.
최근 반도체 업종처럼요.
이걸 잘 선정해가지고…?

① 국내외 여건으로 시장이 좋지 않으면 주가가 하락하길 기다린다.

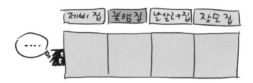

② 상황이 바뀌어 주가가 오르기 시작하면 골라놓은 기업 하나만 산다.

③ 어느 정도 오른 뒤 더 이상 오를 수 없다고 판단되면 판다.

④ 그 기업의 주가가 또 떨어지면 기다렸다가 반등이 시작될 때 산다.

⑤ 우량주를 택해서 우리나라 경기 사이클에 맞춰서
계속 사고 판다.

이렇게 꾸준히
수익을 내는 분들이
꽤 있습니다.

생각보다
수익도 큽니다.

아!
내가 따라 하고 싶은
매매 방법입니다.

관심 있는 기업의 주가가
어떤 이유로 움직이는지 알 수 있습니까?
추종 매수세의 움직임이나 변동성 그리고 추세를 판단하여
매수·매도의 타이밍을 알 수 있습니까?

그렇다면 단기 매매는 어떻게 해야 할까?
단기 매매에서 성공하는 데는
몇 가지 조건이 있다.

주식을 샀을 때
본능적으로 '빨리 팔아야 해' 하고
압박을 느껴야 한다.
단기 매매에 꼭 필요한 자질이다.

이런 사람들은 주식을 오래 보유하면
심장과 머리가 불편해지기 때문에
매수 뒤 얼마 안 돼
주식을 바로 팔려고 한다.
주식시장에서 성격이 불같아 보인다.

매매가 시작되면 바로바로 매수와 매도를 끝낸다.
손실의 벽을 넘고 큰 수익을 내고자
전투력이 어마어마하게 강해진다.

단기간에 높은 집중력을 발휘한 덕분에
강한 정신력으로 그 상황을 넘는 방법을
빨리 깨우친다.

성공 확률이 높아지는 기간이
남들보다 빨라진다.
적을 보고 물러서지 않는
임전무퇴의 정신력을
필요로 한다.

허나, 성격이 불같은 사람의 최대 약점은
실수해서 마이너스가 되었을 때
원금 복구를 위해 여기저기 마구 들이댄다는 것이다.

이럴 때 절대적으로 필요한 것은 절제하는 능력이다.
급하면서도 절제할 수 있는 성격은
큰 투자자가 될 수 있는 중요 조건이다.

이런 유형이 실제로
주변에 여럿 있어요.
어려운 시장에서도 꾸준히
고수입을 올리고 있더라고요.

단기 투자자의 자질은
급해야 하지만
급한 성격 때문에
실수하게 되면
큰 손해가 발생합니다.

단기 매매를
하는 사람 중에
분노를
다스릴 줄 아는 사람은
거의 다 성공했습니다.

투자자 대다수는 분노를 조절하지 못해서 실패한다.
이성을 잃으면 뇌동 매매자가 되고
결과는 고점에 매수하여 저점에 매도하는
악순환을 계속하게 된다.

강습하는 데 가면 분봉 차트 보기나
외국인의 매수 스타일 읽기 등을 가르치는데,
이런 기술들은 더하기, 빼기, 곱셈, 나눗셈 수준에
불과하다.

써먹어볼까 하는 미적분 수준의 투자 기술은
자기 분노에 대한 조절 능력으로 익힐 수 있는 것들이다.

나의 실수로 손해를 볼 수도 있고
시장의 변수로 손해를 볼 수도 있다.
크게 벌었어야 할 때 벌지 못했을 수도 있다.

이때 분노가 생길 수 있다.
이 분노를 누가 빨리 조절해서
원금 보전을 하느냐가 중요한데….

2019년 5월 6일(월)

어린이날 대체 공휴일로
주식시장이 열리지 않았다.

허영만

> 오늘 SNK가 코스닥에 상장했다는
> 뉴스를 들었습니다.
> 그리고 최근 신작 '사무라이 쇼다운'이
> 곧 출시된다는 소식이 있습니다.
> 현재 출시 전 평가는 그렇게 높지는 않으나,
> 과거 중국 기업이 SNK를 자회사로 두기도 했고,
> 중국에서 SNK의 게임 '킹 오브 파이터즈'는
> 우리나라의 '스타크래프트'처럼
> 민속놀이급으로 불린다고 합니다.
> 그래서 중국 쪽에서의 매출이
> 높게 나올 것 같긴 한데,
> 어떻게 보고 계신지요?

2019년 5월 8일(수)

박동규 두나무증권 분석가 팀

SNK가 IP(지식재산권) 전문 회사인 만큼
매력이 크다고 보는 쪽도 많지만,
저희는 좀 애매하다고 봅니다.
IP가 있긴 하지만 워낙 오래된 타이틀이고,
'킹 오브 파이터즈'라는 게임이
지금 먹힐까를 생각해보면, 글쎄요.

요즘 게임 스트리머를 보면
여전히 '킹 오브 파이터즈'의 인기가
꽤 높은 것을 확인할 수 있는데,
그건 어디까지나 '킹 오브 파이터즈 98' 같은
전통적인 오락실 게임(지금은 PC로 가능)이지,
모바일 게임이 아닙니다.

박동규 두나무증권 분석가 팀

현재 우리가 투자하고 있는 넷마블이 이번에
SNK IP를 활용해서 모바일 전용
'킹 오브 파이터즈'를 내놨는데,
실제 반응도 그다지 좋지 않은 것으로 확인됩니다.
애초에 우리가 넷마블을 산 이유도
'킹 오브 파이터즈' 때문에 산 게 아니죠.
투자 포인트를 보시면 아시겠지만
전혀 언급하지 않았습니다(2화–4월 4주 참조).

게임 개발사들은 SNK IP를 활용하여
지속적인 모바일 시장을 공략할 것으로 보입니다.
'리니지 M' 사례처럼 모바일 게임이 기획만 한번
잘 되면 돈을 쓸어 모은다고생각하는 듯한데,
저는 애초에 매출이 대성할 만한 IP라고는
생각지 않습니다.

'킹 오브 파이터즈'는 격투 게임으로 남는 것이
게이머나 개발사 입장에서 모두 원원하는
방향이라고 봅니다.

허영만

잘 알겠습니다.
주가도 많이 떨어진 것 같더군요….

 박동규 두나무증권 분석가 팀

이번에 넷마블이 내놓은
'킹 오브 파이터즈 올스타' 같은 경우
장르가 RPG(Role Play Game)인데….
유명 BJ들 다 모아서 홍보했지만,
제가 보기에 그 BJ들도 안 할 것 같은….
좀 더 상황을 지켜봐야겠지만
RPG로 성공하기엔 쉽지 않은 IP입니다.

만약 잘된다고 하면
우리가 투자한 넷마블 주가에도
긍정적 영향을 줄 테니,
그냥 지켜보면 될 것 같네요.

이홍장 이상투자그룹 수석 전문가

동성제약 2만 3700원.
100만 원 매수.

에이디칩스 2,270원.
100만 원 매수.

매수가에 걸어놓으세요.

허영만

동성제약 42주,
에이디칩스 440주
매수 주문 넣었습니다.

이홍장 이상투자그룹 수석 전문가

아, 동성제약
2만 4100원 매수합니다.
100만 원 매수.

2만 3700원 매수 취소하고
2만 4000원에 매수 주문 넣습니다.

2만 4100원 취소하고
2만 4000원 매수.

허영만

동성제약
2만 4100원에
41주 체결했습니다.

이홍장 이상투자그룹 수석 전문가

아, 잘했어요.

주가가 너무 빨리 움직여서….

에이디칩스도 매수하세요.

허영만

에이디칩스
2,270원에 440주
매수 체결됐습니다.

이홍장 이상투자그룹 수석 전문가

잘하셨습니다.

2019년 5월 10일(금)

이홍장 이상투자그룹 수석 전문가

동성제약 2만 5100원에
전량 매도 주문 넣어두세요.

에이디칩스 2,400원에
전량 매도 주문 넣습니다.

오전에 급등했는데
매도 못 한 게 아깝습니다.

허영만

주문 넣었습니다.

이홍장 이상투자그룹 수석 전문가

네, 감사합니다.

박동규 두나무증권 분석가 팀

넷마블 'BTS 월드' 출시가
임박했다는 기사가 나왔습니다.
글로벌 트래픽을
얼마나 끌어올지 궁금하네요.
오늘 시장 상황만 좋았으면
더 올랐을 텐데, 아쉽습니다.

박동규 두나무증권 분석가 팀

《매일경제》 5월 10일 자 기사.
KT&G 담배 사업 호조
영업이익 13%↑
국내 담배 매출이
지난해 같은 기간보다
10.5% 늘어난 것이
실직 증가의 원인.
10일 하루 주가 2.75% 상승.

요즘 장이 어려워서
다들 힘들어하셔

까악

단타왕 하웅씨가
작전을 바꿔그러면
상황이 짐작 되셔

저 양반만 제대로
해주거든 상황이 변할수
있을텐데…
하는일이
없으셔

나를싶어?
팔게돼지
많이꼈다

미스리
우리 언제
식사하지?

5화

망하는 이유

주식형 인간은 일정 시간 시행착오를 겪다보면
시절마다 수익을 얻는 여러 가지 모델을 만들 수 있게 된다.
스캘핑, 추세 매매, 종가 홀딩 매매, 테마주 따라잡기, 스윙 등.

그러다 어느 날
자기 원칙을 무시하고 '몰빵'한다.

한탕으로 만회하려다가
3개월에 벌어들인 수익을 하루에 다 날려버린다.

그 이후로 판단이 흐려져서 거꾸로 매매를 한다.
조금 들어가야 할 종목에 많이 들어가고 사지 말아야 할 구간에서 사고
팔지 말아야 할 구간에서 판다. 상실감에 의한 분노 때문이다.

그러나 10m가 문제다.

몇 천에서 몇 억 벌어들인
모든 단기 투자자가 망하는 이유가 이것이다.

한편 수십억 벌어들여
까딱없던 투자자들이 망하는 이유는 따로 있다.

그는 여태껏 습득한 기술로 시장에 잘 대응하고
자금을 잘 관리해서 승승장구하고 있다.

그런데 어느 순간
수익이 전과 같지 않음을 느낀다.

시장은 하루아침에 변하지 않는다.
특별한 경우를 제외하고는 완만한 곡선을 유지한다.

한번 기술을 습득하면
몇 달, 혹은 1년을 공부 안 해도
매매에는 문제없다.
단기 매매자의 기술은 강한 집중력으로
정해진 구간에서 매수와 매도를 반복함으로써 생기는
무형의 기술이다.
보이지 않지만 한번 생기면 오래간다.

그래서 공부를 게을리하다 보니까 어느 날 매너리즘에 빠져버린다.
시장 변화에 대응하지 못해서 수익이 확 줄어든다.

수익이 안 나면
문제를 발견해야 하는데
벌었다고 한잔,
손해 봤다고 한잔.

공부를 장시간 안 하니
집중력도 떨어지고
분석도 잘 안 된다.

이때는
상실감이 아니다.
분노다.

(열고: 열불 나서 GO)

시장이 좋으면 '열고'도 통할 때가 있지만
시장이 나쁘면 안 통한다.

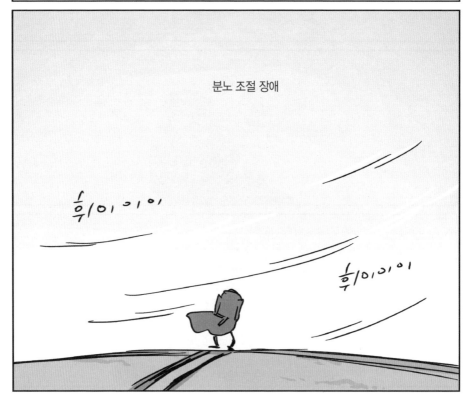

분노 조절 장애

대부분의 일반 투자자가
오해하는 부분이 있다.
분봉 차트*와 같은 자료 분석만을
중요하게 생각하는 것이다.
작게는 현재가 창에서
매도·매수의 잔량 변화와 체결의 변화를,
크게는 과거 인기테마주의 공통점을
이해하지 못하고,
시장과 종목에 대한 연구도 부족하다.

이런 정도는
시중에 나와 있는 책에
다 들어 있다.

● 분봉 차트
분 단위로 주가의 움직임을
봉 한 개로 알기 쉽게 나타
낸 표

자료를 분석하면 요술 지팡이 휘두르듯
'돈 나와라, 뚝딱!' 해서 수익을 낼 만한
대단한 기술이 나올 것 같지만,
주식투자는 그런 것이 아니다.

요술 방망이는
절대 없다.

분노하는 상황은 이해됩니다. 성질나서,
단순 몰빵을 해서
망한 사람이 많은 이유가
분노 조절 장애
때문이었군요.

참는 자에게 복이 있나니
천국이 너희 것이니라.

교회 문턱도
못넘은 자가!

그런데 손절 폭을 정해놔도 손절을 안 한다.

여기까지
힘들게 벌었는데
어떻게 던져!
금방 만회할꺼야!

대강 종목 분석만을 파악하고 난 뒤
매매에 들어간 투자자는
이런 생각을 한다.

투자자들이 망하는 주된 이유다.

처음에는 여윳돈으로 시장에 들어갔지만
이번에는 집 판 돈으로 덤빈다.

그러나 첫 번째 손절 못 한 사람이
두 번째라고 손절할까?

징검다리용 돌을 딛고 물을 건너면 꽃밭이다.

적당히 하고 말았어야 했다.

2019년 5월 13일 (월)

 박상건 두나무투자일임 운용 실장

안녕하세요?

금일 주문 드립니다.

무림페이퍼
현재 보유 중인 280주 전량 매도하겠습니다.
매도 가격은 3,400원에 140주,
3,450원에 140주 매도해주세요.

허영만

주문 넣었습니다.

3,400원에 140주
매도 체결됐습니다.

 박상건 두나무투자일임 운용 실장

금일 미체결된 140주는
내일 다시 주문 드리겠습니다.

허영만

넵.

 박동규 두나무증권 분석가 팀

인선이엔티 오래간만에 급반등해주네요.
요즘 투자자들이 하락 장에 지쳐서 많이 힘듭니다.
그래서 수익 구간이 오면
바로바로 매도하는 투자 방식이 잘 먹히고 있는데요,
그래도 이 회사는 저희가 보기에 상승 잠재력이
좀 더 있으니, 원칙대로 목표 주가까지 가져가겠습니다.

박상건 두나무투자일임 운용 실장

금일 장 마감 후 넷마블이
1분기 실적을 발표했습니다.

넷마블

연결재무제표 기준 영업(잠정) 실적(공정공시).

1. 연결실적내용						단위: 억 원, %
구분		당기실적 '19년 1분기	전기실적 '18년 4분기	전기대비 증감율(%)	전년동기실적 '18년 1분기	전년동기대비 증감율(%)
매출액	당해 실적	4,776	4,871	-2.0	5,074	-5.9
	누계 실적	4,776	20,213	–	5,074	-5.9
영업이익	당해 실적	339	380	-10.8	742	-54.3
	누계 실적	339	2,417	–	742	-54.3
법인세비용 차감전계속 사업이익	당해 실적	586	260	125.4	1,050	-44.2
	누계 실적	586	2,904	–	789	-44.2
당기순이익	당해 실적	423	146	189.7	789	-46.4
	누계 실적	423	2,149	–	739	-46.4
지배기업 소유주지분 순이익	당해 실적	394	136	189.7	739	-46.7
	누계 실적	394	1,896	–	739	-46.7

※ 위 정보는 잠정치로서 향후 확정치와는 다를 수 있음.

영업이익은 컨센서스* 586억 원 대비
42%나 하회하며 부진한 실적을
내놓았는데요,
이에 내일 주가가 하락할 수도 있겠습니다.

● 컨센서스(consensus)
우리말로 '동의'라는 뜻. 시장에 참가하고 있는 증권사들이 암묵적으로 동의하는, 특정 회사의 실적 추정치를 말한다.

하지만 5월부터 신작 출시가 재개되면서
외형 성장 폭이 확대될 것으로 전망되는데요,
특히 2분기 출시 예정인
블록버스터 신작 '일곱 개의 대죄' 국내·일본 출시와
'BTS월드' 글로벌 출시로 본격적으로 실적이
개선되리라 기대됩니다.

삼성증권

연결재무제표 기준 영업(잠정) 실적(공정공시).

1. 연결실적내용		당기실적	전기실적	전기대비 증감율(%)	전년동기실적	단위: 백만 원, % 전년동기대비 증감율(%)
구분		'19년 1분기	'18년 4분기		'18년 1분기	
매출액	당해 실적	2,176,088	1,460,324	49.0	1,301,050	67.3
	누계 실적	2,176,088	4,890,202	–	1,301,050	67.3
영업이익	당해 실적	149,609	53.805	178.1	180,097	−16.9
	누계 실적	149,609	458.127	–	180,097	−16.9
법인세비용 차감전계속 사업이익	당해 실적	152,184	52,302	191.0	180,119	−15.5
	누계 실적	152,184	461,401	–	180,119	−15.5
당기순이익	당해 실적	117,190	37,235	214.7	132,585	−11.6
	누계 실적	117,190	334,086	–	132,585	−11.6
지배기업 소유주지분 순이익	당해 실적	117,190	37,235	214.7	132,585	−11.6
	누계 실적	117,190	334,086	–	132,585	−11.6

※ 위 정보는 잠정치로서 향후 확정치와는 다를 수 있음.

삼성증권은 예상과 달리
이익단*이 안 좋게 나왔는데요.
조금 더 분석한 후 대응에
나서겠습니다.

● 이익단(bottom line)
비용 증가 및 감소

 박동규 두나무증권 분석가 팀

넷마블, 쉽게 요약해드릴게요.

• 1분기 실적이 기대에 못 미쳤다.
• 하지만 우리가 본 것은 실적이 아니라
  2분기 신작 게임이다.

그래서 큰 우려 없이 계속 가져가겠습니다.

2019년 5월 13일 (월)

박상건 두나무투자일임 운용 실장

저 무림페이퍼 140주 남아 있죠?

허영만

넵.

박상건 두나무투자일임 운용 실장

전량 3,335원에 매도해주세요.

허영만

주문 넣었습니다.

무림페이퍼 140주 전량
3,335원에 매도됐습니다.
수익률 −10.28%

박상건 두나무투자일임 운용 실장

넵, 감사합니다.

D+2 현금 얼마인가요?

허영만

117만 2,607원입니다.

박상건 두나무투자일임 운용 실장

에코마케팅 3주
3만 6,750원 매수입니다.

허영만

에코마케팅 3주,
3만 6,750원에
매수 체결됐습니다.

박상건 두나무투자일임 운용 실장

디오 3만 6,250원에
전량 매도해주세요.

허영만

디오 3만 6,250원에
4주 전량 매도했습니다.
수익률 -9.25%.

박상건 두나무투자일임 운용 실장

에코마케팅 8주
3만 6,600원
추가 매수입니다.

박상건 두나무투자일임 운용 실장

엇, 호가가 바뀌었습니다.

수량은 그대로
3만 6,400원에
매수해주세요.

좀 더 빠지네요.

허영만

에코마케팅 3만 6,250원에
8주 매수 체결했습니다.

박상건 두나무투자일임 운용 실장

네~ 감사합니다.

저 D+2 현금 좀 알려주세요~

허영만

91만 868원입니다.

박상건 두나무투자일임 운용 실장

넵, 감사합니다.

183

2019년 5월 16일(목)

이홍장 이상투자그룹 수석 전문가

SFA반도체 2,820원,
100만 원 매수합니다.

허영만

SFA반도체
2,820원 354주
매수 체결했습니다.

박동규 두나무증권 분석가 팀

인선이엔티 1분기 실적이
예상보다 좋지 않게 나왔습니다.

매출액 428억 원(+0.79% YoY)
영업이익 34억 원(−37.9% YoY)
순이익 6억 5852만 원(−81.1% YoY)

1분기 중 수도권 건설 경기가 부진해
단기 계약 중심으로
폐기물 처리 단가 경쟁이 발생했으며,
인선이엔티도 매출액을 방어하기 위해
경쟁에 동참했던 것으로 보입니다.
여기에 일회성 금융 비용* 증가로
순이익도 크게 줄었습니다.

이에 오늘 주가가 하락할 가능성이 높습니다.
따라서 −1~2% 내외 수준에서
전량 매도하도록 하겠습니다.

> ● 일회성 금융 비용
> 금융회사에 계좌를 개설
> 하지 않고 거래할 때, 외
> 부에서 빌려온 자금에
> 대해 발생하는 이자 부
> 담을 말한다.

하지만 사천 매립장이 2분기부터 재개됐다는 점,
빠르면 광양 매립장은 3분기부터
영업을 시작할 수 있다는 점을 고려할 때
앞으로 긍정적인 점이 많아 보입니다.

박동규 두나무증권 분석가 팀

또한 2019년 하반기 수도권 매립 단가의 상승은
건설폐기물 처리 단가의
상승 요인이 될 수 있는데,
처리 단가 경쟁이 지속될 경우
인선이엔티는 단가 경쟁에
적극적으로 참여할 가능성이 낮아 보입니다.
매립·매출 증가로 외형 및 이익 성장이
충분히 가능하기 때문입니다.

여기에 단가 경쟁이 장기간 지속될 가능성도
낮은 것으로 보입니다.
수도권 내 경쟁 업체들이
인선이엔티에 비해
상대적으로 규모가 작기 때문입니다.

따라서 −5% 이상 급락할 경우는
그냥 보유하도록 하겠습니다.

정리)
9시에 장 시작할 때,
1~−2% 수준이면 전량 매도.
5% 이상이면 그냥 보유.

박상건 두나무투자일임 운용 실장

1만 200원에 전량 매도 걸겠습니다.
(수익률 3.5%로 마무리)

허영만

인선이엔티
131주 1만 200원에
전량 매도 주문 완료.

허영만

하 형, 인제 가치 투자로 바뀐겨?
너무 안 움직이는구마잉.

골프에 빠졌나?

하웅선생
골프백 들고 나가는것
봤셔?

나 아직
점심식사
전이야

하웅

아닙니다.
주식의 가치는 시기가 정하는 거라,
언제든 변한다 생각합니다.
《3천만원》에서 너무 단기 매매 위주로
투자한 것도 있고….
관심 종목의 매수 타이밍을 잡지 못하고 있어
대기 중입니다.
조만간 정신없는 매매 이어가겠습니다.^^

허영만

핫핫.
그란디 골프는?

요새 날씨 겁나 좋은디.

2019년 5월 17일(금)

이홍장 이상투자그룹 수석 전문가

> SFA반도체
> 3,165원에 50만 원 매도.

이홍장 이상투자그룹 수석 전문가

> 3,160원에 전량 매도.

허영만

> SFA반도체
> 177주 3,165원에
> 매도 주문 완료.

> 나머지 177주 3,160원에
> 매도 주문 넣었습니다.

허영만

> 3,160원에 매도 주문한 것
> 177주 매도 체결됐습니다.
> 수익률 11.69%.

> 3,165원에 매도 주문한 것
> 나머지 177주 매도 체결됐습니다.
> 수익률 11.89%.

허영만

팔고 나니깐 또 오르네요….

상치울까요?

이제 시작인데 왜 이러셔?

허영만

오호 이제 빛나기 시작♥

 이홍장 이상투자그룹 수석 전문가

지금 장세는 일희일비하는 장세라서
수익이 나면 일단 챙기고 보는 것이 좋습니다.

허영만

아, 이런 장은 길게 가는 것보다
짧게 가야 헌다는 말씀.

 박동규 두나무증권 분석가 팀

영풍정밀 1만 250원에
절반 매도 걸겠습니다.

허영만

51주 주문 완료.

6화
고도의 심리 게임

망하는 두 번째 이유는
매도·매수를 거꾸로
한다는 것이다.

많이 올랐을 때 사고
많이 빠졌을 때 판다.

망하는 지름길이다.

'탐욕 구간에서 매수하고
공포 구간에서 손절한다.'
유명한 격언이죠.

▶ 당일 매매의 탐욕 구간은
수 초 또는 수 분 안에
주가가 크게 상승하고
거래량이 크게 늘어나며
매도에 의미가 있는 큰 물량을 돌파할 때
강하게 나타난다.

▶ 장기 박스권 상단의 탐욕 구간은
언론에 대박의 기대감을 갖게 하는 기사가
자주 노출될 때 나타난다.
평소 주식투자에 관심이 없던 사람도
많은 사람이 주식투자로 돈을 벌었다는 얘기가
여기저기서 들리면
일부가 자연스럽게 합류한다.

망하는 단기 매매에는 두 종류가 있다.
탐욕 구간에서 매수한 주식은
순간적으로 주가가 내려갈 때 '어어!' 하다가
손절매 타이밍을 놓치는 경우가 많다.
결국 공포 구간인 바닥에서 손절매하여 손실을 확정한다.
반대로 바닥에서는 매도세의 공포 분위기에 눌려
매수를 주저주저하다가
주가가 탐욕 구간에 들어설 때 과감하게 매수한다.
거꾸로 매매의 달인이다.

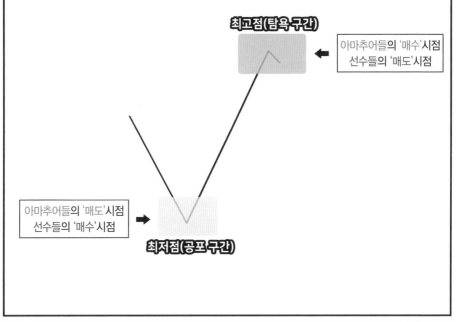

최고점(탐욕 구간)

아마추어들의 '매수'시점
선수들의 '매도'시점

아마추어들의 '매도'시점
선수들의 '매수'시점

최저점(공포 구간)

아하~ 심리적인 면이
굉장히 중요하네요.

주식투자는 고도의 심리 게임이다.

변동성을 앞에 두고
매매하다 보니까
많은 변수를 생각하게 된다.

흥분하면 보이는 게 없다.
본능이다.

단기 투자자는 뇌동 매매 이외에도
중요한 순간에 전화나 택배 방문, 컴퓨터 에러 등으로
잠시 한눈을 팔다가 눈여겨본 종목의 급등을 놓치면
순간적으로 당황하거나 화가 나서 '거꾸로 매매'를 하는 경우가 많다.
나는 과거 출근하기 전에 아내와 말다툼을 하고 나면
매매에 집중이 잘 안 돼 '거꾸로 매매'를 자주 하곤 했다.
수양이 부족했던 탓이다.

상승 추세 중에는 주가 떨어지는 것이 눈에 안 들어온다.
흥분하면 조급해져
순간, 가는 종목만 보인다.

더 많이 갈 종목, 순식간에 수익 많이 낼 종목,
한 방… 한 방….
그러나 인생에 한 방은 없다.

순간적으로 수익을
많이 낼 종목을 찾는 것은
상승할 만한 종목의 주가 조정을
기다리는 여유가 없기 때문이다.

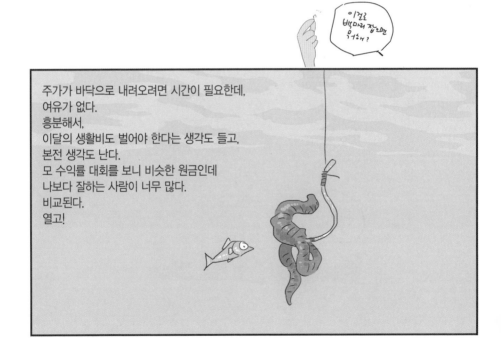

이걸로
백마리 잡으면
뭐해?

주가가 바닥으로 내려오려면 시간이 필요한데,
여유가 없다.
흥분해서,
이달의 생활비도 벌어야 한다는 생각도 들고,
본전 생각도 난다.
모 수익률 대회를 보니 비슷한 원금인데
나보다 잘하는 사람이 너무 많다.
비교된다.
열고!

단기 투자자라면 특히 흥분하거나 화를 내서는 안 된다.
오기를 부려서도 안 되고,
더더욱 죄 없는 컴퓨터 화면을 나무라도 안 된다.
그래 봐야 결과는 뻔하다.

손실이 계속되면 그때는 설상가상 손실이 복구가 안 됩니다.
단기 투자자는 자리를 박차고 일어나
그 자리를 뜨는 것이 제일 현명한 행동입니다.
'오늘만 날이 아니지'라고 스스로 위로하면서 말입니다.
손실은 이러저러한 이유로 시도 때도 없이 찾아옵니다.
피할 수 없으니 적게 손실 봤을 때
도망가는 것이 최고겠죠!

시장이 갈 때는 실수를 해도 금방 만회할 수 있다.

고수들은 자기 본능과 역행한다.

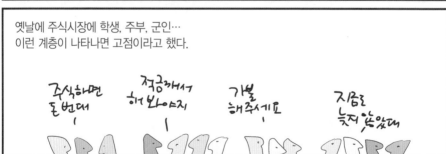

옛날에 주식시장에 학생, 주부, 군인…
이런 계층이 나타나면 고점이라고 했다.

안심되니까,
나도 돈 벌 것 같으니까
쌈짓돈까지 꺼내서 덤벼든다.
그러나 물 새는 바가지다.

사람들은 국내외에
큰 사건이 벌어져 주가가 폭락하면
우리나라 경제가 다 망가지는 것이 아니냐고
우려하기도 하지만
단기간에 그렇게 될 리는 없다.

이럴 때 정부는
경기 부양책을 내놓는다.
그러면 경기는 살아나면서
주가는 올라간다.

지수가 본격적으로
반등하기 이전에는
명심해야 할 것이 하나 있다.

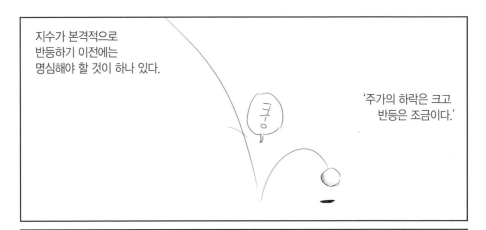

'주가의 하락은 크고
반등은 조금이다.'

단기 투자자 입장에서는
어제도 주가가 많이 떨어져 싸 보였는데
오늘도 주가가 많이 떨어지니
매수의 유혹을 강하게 느낍니다.
바닥에서 제대로 매매를 해도
수익이 적은 구간에서 버틸 준비가 안 된 투자자는
'거꾸로 매매'로 큰 손실을 입을 수 있습니다.
요즘 우리나라 증시가 10% 가까이 빠지고 있습니다.
악재의 해소로 바닥이 확인되기 전까지
적극적인 매매는 자제해야 할 것으로 보입니다.

사람마다 눈에 보이는 만큼의 매매가 있습니다.
현재 시장의 하락 이유와 당일 종목들의 움직임을
이해할 수 있다면 하락장이라도 매매가 가능한 반면,
시장의 분위기에 휩쓸려 갈팡질팡하고 있다면
효율적인 매매가 불가능하겠죠.
시장을 분석하고 확인하고 수정하는 과정을
매일 꾸준히 한다면 언젠가는 누구라도
매매의 질이 좋아질 것이라고 생각합니다.

매일매일 분석을
많이 해야겠네요.
ㅎㅎ

지금 하시는 일에 만족하십니까?

저는 후회는
잘 안 하는 편입니다.

잘 살고
있는 것이죠.

가끔 불편한 부분은 있습니다.

건강이요?

아뇨,
그것 말고요. ㅎㅎ

요즘 기사에 간간이 유사 투자자문
피해 사례가 나오곤 합니다.
주로 과대·과장 광고 수익률과
실제 수익률이 일치하지 않기 때문인데요.
이로 인해 50~60대의
소중한 노후생활 자금이
소진되고 있다고 합니다.

기존의 개인투자자가
종목 추천에 목매는 이유를 생각해봤는데요,

1. 코리아디스카운트
2. 미국 주식시장의 10% 정도만 상승한 국내 증시에
   미국 서적 내용을 그대로 적용
3. 매매 기술의 부족(정신적인 면)

등으로 투자에 실패한 후 자포자기해
방송 전문가나 과대·과장 광고를 그대로 믿고
원금 회복에 나서고 있는 것이 아닌가 생각해봅니다.

지금까지 문제가 되었던 부분들을 나열하면
과대·과장 광고(공정거래위원회 소관),
환불 문제, 선행 매매(증권거래법 위반),
값싼 장외 주식을 고가에 매입하게 하는 문제 등
여러 가지 문제가 있었습니다.

아, 작전….

2019년 5월 17일(금)

허영만

한스바이오메드
500만 원 시가 매수.

한봉호 교수 이론대로
내릴 때 들어간다!
난 이 이론을 적극 실행합니다!

허영만

한스바이오메드
2만 5050원에 199주
매수 주문했습니다.

전량 체결됐습니다.

허영만

| 투자포인트 |
여성 가슴 보형물과
뼈이식 때 망가진 뼈
대체 물질 생산 회사.
중국 쪽 수출을 노리고 있으며
미국과의 무역 분쟁에 관계없음.

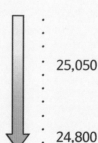

25,050

24,800

2019년 5월 13일 (월)

박상건 두나무투자일임 운용 실장

넷마블 예상 게임 라인업

게임명	장르	개발사	출시 시기
일곱개의 대죄: 그랜드 크로스	RPG	퍼니파우	2019.6.4
요괴워치 메달워즈(일본)	RPG	넷마블몬스터	2019.6
BTS World	육성시뮬레이션	테이크원컴퍼니	2019.6
A3 스틸 얼라이브	MMORPG	이데아게임즈	2019
세븐나이츠2	MMORPG	넷마블넥서스	2019
스톤에이지 MMORPG	MMORPG	넷마블엔투	2019
쿵야 캐치마인드	소셜플레이 게임	–	2019
쿵야 야치부락리	RPG	–	2019
리치워츠	모바일 보드게임	넷마블엔투	2019
극렬 마구마구(가제)	야구 RPG	넷마블파크	2019
원탁의 기사(가제)	MMORPG	–	2019
타이틀 프로젝트M	TCP	–	2019
테라 오리진	MMORPG	–	2019

출처: 넷마블, 언론 보도 재인용, NH투자증권 리서치본부

넷마블에 대한 증권사 리포트가
최근 연이어 나오고 있습니다.
1분기 부진한 실적을 기록했지만,
향후 전망은 밝다는 내용이 대체적인데요.

특히 오늘 케이프투자증권은
넷마블이 6월 '일곱 개의 대죄'와
'BTS월드'의 글로벌 출시를 통해
2분기부터 이익 성장이 본격화될 것으로 예상된다며
목표 주가 19만 원을 유지했습니다.

한편 1분기 실적 쇼크로 급락하던 **인선이엔티**가
금일 3% 넘게 오르는 모습입니다.
이제 바닥을 다지는 것으로 보이는데요.

 박동규 두나무증권 분석가 팀

전일(5월 21일) 한국거래소는 코스닥150*지수에
인선이엔티를 편입한다고 발표했죠.
이는 주가에 긍정적인 영향을
줄 것으로 기대됩니다.

한편 분기별 이익의 저점은
1분기에 이미 지난 것으로 판단되며,
매립 사업 재개로 하반기부터는
이익 성장이 나타날 것으로 예상됩니다.

● 코스닥150
코스닥을 대표할 수
있는 상위권 기업
150개를 간추려 놓
은 목록

박동규 두나무증권 분석가 팀

삼성증권 역시 배당만으로도
현재 매력이 충분한 것으로 보입니다.
올해 예상 배당수익률*은 4.6% 정도인데요,

●배당수익률
기업의 이익 중 일부를 주주들에게 나눠 주
는 것을 말한다. 투자 자금에 대하여 주주들
에게 배당되는 이익을 나타내는 비율. 주식
1주당 배당금을 현재 주가로 나눈 값을 백
분율로 나타낸 것

여기에 더해 지속적인 리테일고객 수 및
예탁금 증가로 자산 관리 부문에서
경쟁력을 강화하고 있어
장기적인 안목에서 긍정적으로 판단되며,
자산 관리의 집중과 투자은행(IB) 및
운용의 강화로 향후 실적 개선이 기대됩니다.

2019년 5월 24일(금)

박태우 두나무투자일임 전략 팀장

안녕하세요,
두나무투자일임의 박상건 자문역을
이어 맡게 된 박태우입니다.
잘 부탁드립니다!

허영만

안녕하세요~! 잘 부탁드립니다.

다음 주부터 뿜뿜!!!

자문 위원을 소개합니다.

박태우

두나무투자일임
전략 팀장

- 주식투자 경력 8년
- 현 두나무투자일임 전략 팀장
- 전 삼성증권 채권분석가

한경·매경 베스트 애널리스트 TOP10 수차례 선정

투자 방법
- 리서치와 통계적 경험을 바탕으로 투자 전략을 정한다.
- 개별 종목보다는 매크로 관점에서 수익을 낼 수 있는 섹터 및 자산군에 집중한다.
- 시장의 방향성뿐만 아니라 변동성에 반응하는 자산에 주목한다.

투자 철학
- 모르는 것에는 투자하지 않는다.
- 시장이 항상 합리적인 것은 아니다.
- 감수할 수 있는 위험 수준 범위 내에서 포트폴리오를 구성한다.

하락 장을 이기는 대가들의 명언

코스피와 코스닥은 이달 들어 각각 7.5%, 9.2% 하락했다. 미·중 무역 분쟁이 장기화되는 분위기에다 외국인 매도세가 이어져 시장의 불안감이 커지고 있다.

주가가 뚝뚝 떨어지면 투자자는 힘들어한다. 이럴 때 기본을 다시 한번 다지는 의미로 전설적인 투자의 대가 7인의 명언을 들어보자.

시장이 탐욕적일 때 공포에 떨고,
시장이 공포에 떨 때 탐욕을 가져라.

– 워런 버핏 –

주가 하락은
공포에 사로잡혀
폭풍우 치는 주식시장을 빠져나가려는
부화뇌동자들이 내던진 좋은 주식을
싸게 살 수 있는 기회다.

– 피터 린치 –

최적의 매수 타이밍은
시장에 피가 낭자할 때다.
설령 그것이 당신의 피일지라도.

– 존 템플턴 –

버블 없이 폭락 없고, 폭락 없이 버블 없다.

– 앙드레 코스톨라니 –

정치적 위기와 금융 위기는
투자자들의 주식 매도를 부채질한다.
위기에 매도하는 것은 분명히 잘못된 대응이다.

– 데이비드 드레먼 –

위기 때 돈이 약한 자에게서
강한 자에게로 흐르는 것은 시장의 자명한 이치다.
따라서 단련된 투자자는 안달복달하지 않고
느긋하게 주식을 보유하는 성품을 길러야 한다.

– 찰리 멍거 –

군중을 따라가지 마라.

– 필립 피셔 –

투자 대가들의 말을 종합해보면 위기를 기회로 바꾸라는 의미가 담겨 있다.

'비관론자는 모든 기회에서 어려움을 찾아내고
낙관론자는 모든 어려움에서 기회를 찾아낸다.'

환율 급등이 불러온 공포와 대응 방안은?

최근 미국과 중국의 무역 전쟁과 대외 불확실성으로 인하여 환율이 1,190원 부근까지 급등했다. 3개월 전 1,120원에 비하면 거의 6% 넘게 오른 것이다.

환율은 한 나라의 돈과 다른 나라 돈의 교환 비율을 말한다. 우리나라 기업이 미국에서 물건을 사려면 원화를 달러로 교환하듯이, 우리나라와 외국 간의 경제적 거래를 위해 우리나라 돈과 외국 돈을 서로 교환할 때 환율에 따라야 한다.

화폐 가격은 외환 시장에서 상품에 가격이 매겨지는 것처럼 외국 돈에 대한 수요와 공급에 의해 오르락내리락하는데, 원/달러 환율의 경우 보통 경기 침체가 우려되거나 대외 불확실성이 커질 때 변동하는 경향이 있다. 상대적으로 안전 자산인 달러화에 자금이 유입되기 때문이다.

실제로 우리나라는 1997년 국제통화기금(IMF) 외환 위기와 2008년 글로벌 금융 위기 당시 원/달러 환율이 단기간에 큰 폭으로 급등해 큰 어려움을 겪은 경험이 있다.

그래서 환율이 급등하면 투자자들은 불안해하는 경우가 많은데, 환율과 증시

와의 관계를 살펴보면 일반적으로 환율 상승은 주가 하락, 환율 하락은 주가 상승을 불러온 경우가 대부분이다.

이에 대한 이해를 돕기 위해 환율이 1달러에 1,000원일 경우, 1주에 5,000원인 주식을 10주 매수한 외국인 투자자가 있다고 가정해보겠다.

주식 가격이 올라 수익을 실현해 달러로 환전을 하려고 하는데, 만약 이때 환율이 1달러에 1,200원으로 상승하면 전보다 200원을 더 지불해야 달러로 환전할 수 있어 '환차손'이 발생한다.

그러면 외국인 투자자들은 환율이 조금이라도 더 오르기 전에 앞다퉈 주식을 매도하려고 할 것이고, 이에 따라 국내 증시에 외국인 자금 이탈 현상이 일어나게 된다. 따라서 환율이 급등하면 증시도 불안해진다.

다만 환율의 상승이나 하락이 경제 주체들에게 미치는 영향은 양면성이 있기 때문에 환율 변동은 그 방향보다는 속도가 중요하다.

전통적인 원/달러 상승 수혜주로는 '수출주'가 꼽히는데, 환율이 오르면 원화로 환산한 수출 단가가 올라 영업 환경이 개선될 수 있기 때문이다.

수출 비중이 높은 업종에는 디스플레이, 휴대전화 등 IT주와 자동차, 의류 OEM(Original Equipment Manufacturing, 위탁 생산) 기업 등이 있는데, 실제로 2008년 이후 원/달러 환율이 급등하면서 수출주들의 주가가 상승했다.

투자자가 환율 추이를 체크하는 것은 기본 중 기본이다. 대외 불확실성이 커지고 환율이 급등한다면 주식 비중을 줄이고, 수출주에 일부 분산하는 것이 현명한 방법일 수 있다.

7화

은퇴 자금

주식시장이 잘 안 가면
불안한 투자자들은
여기저기 눈길을 돌립니다.

신문, 방송,
전문가들의 조언….

휴대전화에서
주식 사이트만 켜봐도
주식 종목을 추천하는 사람이
수십 명입니다.

이런 유사 투자자문업체가
작년에만도
2,000개 이상 있었어요.

유사 투자자문업체에 발을 들여 자문료를 내고 종목을 추천받아도
수익을 낸 사람은 조금이고 손실을 많이 본 사람들이 많다.

여윳돈으로 주식투자를 했으면
큰 상처를 입지 않지만
문제는 은퇴 자금으로 한다는 것이다.

특히 요즘은 은퇴를 일찍 하는데
경기 침체로 취직하기도 어려워졌다.

은퇴 자금과 부동산 등을 합한 순자산으로
남은 생을 산다고 계산할 때
현재와 같은 수준으로 지출하기는 어려워보인다.
미래가 당연히 불안해진다.

방법은 은퇴 자금을 이용해서 재테크를 하는 것이다.
사업과 부동산과 주식 중 골라야 한다.

이런 사정인데 주식으로 돈을 벌기는커녕
까먹고 있으니 미칠 노릇이다.

최고 전문가라 홍보하는 유사 투자자문업체를 끼고 있어도
수익이 안 나는 이유가 있다.

비싼 자문료를 지불했다는 심리 때문에
추천받은 좋은 종목을
한번 사면 팔지를 않는다.
손해가 나고 있는데도 놓지 못하고
끌어안고 있는 것이다.

테마주 같은 걸 추천받았는데,
테마주도 시간이 지나면서
거품이 빠지면 손실이 커진다.

결과는 처참하다.
개개인이 사고팔 능력이 없기 때문에 발생하는 일이다.

투자자들은 좋은 주식 고르듯이
유사 투자자문업체를
잘 골라 이용해야 합니다.
언론에 무책임한 업체에 대한 기사가
종종 노출되는 것을 보면
주의할 필요가 있습니다.

살 때도, 팔 때도
책임지고 관리해줄
업체를 찾아야 합니다.

쉬운 일이
없구만….

지금까지
얼마나 수익을
냈는지는
묻지 않을게요.

그럼 뭘 물으시려고요?

99년 말에
주식을 시작하셨는데
100만 원 가지고
지금까지 버텨온
과정에 대해 얘기해주세요.

그때는 완전
하락 장이었어요.

하락 장 속에서도
추종 매수세가
살아 있는 기술주들은
당일 변동 폭이 심했어요.

저는 그때 추종 매수세가
살아 있는 종목
몇 개를 선정해서
회전 매매를 했습니다.
'떨어지면 사고, 오르면 팔고'를
계속한 거죠.

그랬더니
2000년 5월에
원금 대비 960% 정도
수익이 나더라고요.

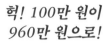

**헉! 100만 원이
960만 원으로!**

1월, 2월, 3월, 4월은
마음이 편할 때 사고
마음이 불편할 때 팔았더니
수익이 나지 않았다.

그다음 기간에
탐욕 구간과 공포 구간을 바꾸고
매매하는 연습을 했더니 살아남았다.

그 방법 말고는 없었죠.
나중에 알고 보니
'스캘핑'*이라
불리는 매매 기법을
제가 사용하고 있었던 겁니다.

초반에는 금액이 적었으니까
회전율을 엄청 늘렸겠네요.

● 스캘핑(scalping)
분·초 단위로 수십 번,
수백 번 이상 거래를
하는 초단타 매매 기법.
거래량이 많고 가격 변
화가 빠른 주식시장에
서 주로 쓰인다.

그 거래 패턴을
어느 정도 금액이
될 때까지 계속하셨어요?

원금이 수억 원일
경우까지는
그게 가능합니다.

그런데 그 이상은 단기 매매로
는 맞지 않는 것 같아요.

주가가 상승하면
이후에 하락이 꼭 옵니다.
하락 구간에 왔을 때
한번 실수했다고 흥분하면
손실이 확 커집니다.

매우 큰 금액은 필요 없다.
자신이 운용할 수 있는 최대치 금액을 정해놓고
그 내에서만 운용하면 된다.

시장이 좋으면 최대치 금액, 시장이 안 좋으면 좀 줄인다.

원금을 줄인다는 것은 욕심을 줄인다는 거죠. 욕심을 줄이면 시장 흐름에 순응하게 되고 분노할 일이 별로 없어요.

억 단위가 넘어가면서 투자 패턴이 바뀐 거네요.

'워런 버핏처럼 장기 투자가 왜 안될까' 하고 공부를 많이 했죠.

결국 세계 경제와 우리나라 경제가 같이 가는데 우리나라 경제는 약간의 디스카운트가 있다는 것을 알았어요. 그래서 잘 가지 않는 겁니다.

장기적으로 국내 주식시장이 상승하려면 기본적으로 국제 경기가 상승하거나 북한과의 대립 관계가 협력 관계로 대폭 달라지는 상황적 변화와, 규제 혁신과 같은 경제 활성화를 위한 정부의 노력이 뒷받침돼야 한다고 생각합니다.

책에서 봤던 것과는
다른 측면으로 얘기를
많이 해주셨어요.

대한민국 주식시장이
아직까지는 상승 추세가 아니잖아요.
2,000포인트 부근에서 박스권 변동성인데
책은 이러한 얘기를 하지 않고
상승 추세를 얘기하죠.
그래서 실전에서는
책이 별 도움이 되지 않습니다.

2019년 5월 28일(화)

허영만

하웅 장군이 안 움직일 정도로
시장이 안 좋은 거요?
안 움직여도 너무 안 움직여.

리니지 출시 이전에 움직이면 좋겠어~

2019년 5월 29일(수)

 하웅

게임 중독은 질병이라는 세계보건기구(WHO)의 발표가
도발 악재로 작용해
엔씨소프트의 투심을 얼어붙게 만들었네요.
조금 더 지켜본 후 손절할지 보유할지 결정하겠습니다.

허영만

무심코 뉴스만 봤넌디, 우리헌테도 영향이 있네.

내기 아는 하웅이 아니서
분명 속상해서 매수하고
장기유

삐용
우타타타
뾰뾰

뿅

이홍장 이상투자그룹 수석 전문가

안녕하세요.

오늘 아시아나항공 추가 매수 예정입니다.

제일바이오도 추가 매수 예정입니다.

로보티즈, 동성제약, 에이디칩스는
조금 더 보유하겠습니다.

오늘은 코스피지수가
결국 2,000포인트를 찍으러 갈 모양입니다.
작년 10월에 미·중 무역 전쟁이 있었을 때도
2,000포인트를 살짝 깨고 급반등이 나왔습니다.
2,000포인트까지 또는 2,000을 살짝 깼다가
개인 투매가 나오면 받아 올릴 것으로 보입니다.

이홍장 이상투자그룹 수석 전문가

항상 그래 왔듯이 기관 외인 세력들은
그렇게 준비하고 있는 모습입니다. 이제 저점이 다 와갑니다.
저점 공략의 기회와 반등의 시작이 다가옵니다.
이번 주가 분수령이 될 가능성이 있다고 보이는데,
한번 투매가 나와야 끝납니다.
그래야 찌질한 약세장을 끝내고
다시 급반등이 나올 수 있습니다.

이홍장 이상투자그룹 수석 전문가

지금이 가장 힘든 시기입니다.
그러나 우리가 보유한 종목들이 약세이지만
잘 버티고 있고 재료와 이슈가 내재된 종목들이므로
계속해서 종목 주시하면서
이 시기를 이겨내겠습니다.

 이홍장 이상투자그룹 수석 전문가

아시아나항공 5,970원,
50만 원 매수.

허영만

아시아나항공
83주 5,970원에
주문 넣었습니다.

전량 체결됐습니다.

이홍장 이상투자그룹 수석 전문가

제일바이오 4,385원,
50만 원 매수합니다.

허영만

제일바이오
4,385원에 114주
매수 주문 넣었습니다.

전량 체결됐습니다.

이홍장 이상투자그룹 수석 전문가

네, 수고하셨습니다.
감사합니다.

2019년 5월 30일(목)

 이홍장 이상투자그룹 수석 전문가

제일바이오 전일 추가 매수했는데
평균 단가가 얼마인가요?

이 매매 내역을 실시간으로
볼 수 있는 화면이 있나요?

카카오스탁에서는 안 나오는 것 같아요.

허영만

4,660원으로 나옵니다.

 이홍장 이상투자그룹 수석 전문가

네, 감사합니다.

아시아나항공
6,900원 전량 매도합니다.

허영만

매도 주문 넣었습니다.

 이홍장 이상투자그룹 수석 전문가

6,800원 매도합니다.

허영만

정정했습니다.

허영만

조금만 더….

허영만

전량 매도됐습니다.
수익률 6.87%

 이홍장 이상투자그룹 수석 전문가

네, 수고하셨습니다. ㅎ

 박태우 두나무투자일임 전략 팀장

안녕하세요?
오늘 처음 주문 드립니다.

박태우 두나무투자일임 전략 팀장

포트폴리오 전반을 교체하려고 합니다.

종목명	매도 수량(주)	단가(원)
대림B&Co	58	4,410
CJ프레시웨이	8	28,500
이지웰페어	45	8,360
아이마켓코리아	30	10,550
종근당홀딩스	5	111,000
삼영무역	17	16,100
더존비즈온	21	66,420
이지바이오	55	7,830
지어소프트	89	7,380
종근당바이오	5	24,200
CJ CGV	5	35,250
사람인에이치알	26	23,500
에코마케팅	22	39,150
JW생명과학	36	25,200

다음 세종목은 매수 주문입니다.

종목명	매도 수량(주)	단가(원)
서흥	23	32,000
LG전자우	40	31,750
멀티캠퍼스	6	46,800

오전 중에 체결이 안 되면
가격 조정해서
오후에 다시 주문 드리겠습니다.

허영만

LG전자우랑 멀티캠퍼스는
증거금 부족으로
매수가 안 됐습니다.

(단위: 주, 원)

종목명	주문 구분	주문 수량	주문 단가	체결수량	체결평균가	미체결수량
서흥	현금매수	23	32,000	23	31,752	0
JW생명과학	현금매도	36	25,200	0	0	36
에코마케팅	KOSDAQ매도	22	39,150	0	0	22
사람인에이치알	KOSDAQ매도	26	23,500	0	0	26
CJ CGV	현금매도	5	35,250	5	35,400	0
종근당바이오	현금매도	5	24,200	5	24,200	0
지어소프트	KOSDAQ매도	89	7,830	0	0	89
이지바이오	KOSDAQ매도	55	6,420	0	0	55
더존비즈온	현금매도	21	66,400	0	0	21
삼영무역	현금매도	17	16,100	0	0	17
종근당홀딩스	현금매도	5	111,000	0	0	5
아이마켓코리아	현금매도	30	10,550	0	0	300
이지웰페어	KOSDAQ매도	45	8,360	0	0	45
CJ프레시웨이	KOSDAQ매도	8	28,500	0	0	8
대림B&Co	현금매도	58	4,410	58	4,410	0

박태우 두나무투자일임 전략 팀장

아직 매도 주문이 체결이
안 돼서 그런 것 같아요.

그새 시장이 좀 빠져서;;

오전은 이대로 주문 걸어두고,
오후에 체결 현황 봐서 다시 말씀드릴게요!

허영만

일단 멀티캠퍼스만 매수해놔도 될까요??

박태우 두나무투자일임 전략 팀장

넵.

허영만

서흥 23주 3만 2000원,
멀티캠퍼스 6주 4만 6800원에
매수 체결됐습니다.

박태우 두나무투자일임 전략 팀장

보내주신 화면에 서흥 체결 평균가가
3만 1752원으로 나오는데,
실제 체결은 3만 2000원보다 낮게 된 것이죠?

허영만

아, 넵.
제가 주문 단가랑 헷갈렸네요. ㅎㅎ

박태우 두나무투자일임 전략 팀장

오늘 주문 들어간 거 그대로 내버려두시고,
체결 안 된 건 내일 다시 주문 드릴게요.

허영만

넵. 알겠습니다~

에코마케팅, 지어소프트, 이지바이오, 아이마켓코리아
매도 체결 안 됐습니다.

박태우 두나무투자일임 전략 팀장

내일 다시 주문 드리겠습니다!

2019년 5월 31일(금)

이홍장 이상투자그룹 수석 전문가

제일바이오
4,800원 전량 매도합니다.

허영만

주문 넣었습니다.

제일바이오 322주 전량 매도 체결됐습니다.
수익률 2.72%

박태우 두나무투자일임 전략 팀장

> 트럼프 대통령이 또 한마디 했네요.
> 이번에는 멕시코에 관세를 올리겠다고….

박태우 두나무투자일임 전략 팀장

> 오늘 마저 매도하려 했는데,
> 이 와중에 보유 종목들이 힘을 받네요.

> 나머지는 하나씩
> 천천히 주문 넣도록 하겠습니다.

최준철 브이아이피자산운용 대표

> 제 첫 주문이네요.
> 고점 대비 조정 폭이 꽤 있었다 보니
> 싼 종목들이 눈에 많이 들어오네요.
> 운 좋게 좋은 시점에서 시작합니다.

> KT&G
> 9만 9800원에 10주 매수.

허영만

매도 주문 넣었습니다.

체결됐습니다.

 최준철 브이아이피자산운용 대표

제가 화백님보다 싸게 샀네요. ㅎㅎ

허영만

내가 최준철 고수보다 비싸게 샀지만
고수가 관심 가지고 있는걸
미리 샀다는 건 매우 고무적. ㅎㅎ

 최준철 브이아이피자산운용 대표

그래서 저도 왜 사셨는지 궁금하긴 했습니다.
축구로 치면 수비수 같은 종목이죠.
배당수익률이 4%가 넘어 크게 빠질 염려 없고
실적이 턴하고 있어 기다리다 보면
오버래핑(축구에서 수비 선수가 전진해
공격에 가담하는 것) 한번 쳐줄 걸로 기대합니다.

허영만

ㅎㅎㅎ
영만이가 주워들은 풍월로….

최준철 브이아이피자산운용 대표

어떤 풍월을 들으셨는지….ㅎㅎ

허영만

> 난 중장기 스타일.
> 크게 변동 없고 안전한 쪽 선택.

최준철 브이아이피자산운용 대표

반갑게 들리는 접근법이네요. ㅋ

KT&G에 대해서
들으신 내용은 어떤 거예요???

허영만

> 한참 전에 최준철 대표가
> 헌 말을 기억했다가
> 요즘도 괜찮겠다 싶었지.

최준철 브이아이피자산운용 대표

결국 소스가 저였나요?;;
기호 식품은 좋은 사업입니다.
작년부터 계속 지켜봐왔는데
지금이 반등 시점이라 판단했습니다.

누적 수익률

(2019년 4월 15일 ~ 2019년 5월 31일)

자문단 수익률

하웅 −8.88	최준철 0.04
이홍장 −5.26	박상건 5.09
박동규 −3.57	허영만 1.26

총평가금액 **57,755,137원** (수수료 제외)

허영만 종합 수익률	코스피 등락률	코스닥 등락률
−3.74 %	−8.97 %	−9.17 %

코스피·코스닥 주가지수 등락률과 허영만 계좌 종합수익률
(투자 시작일 4월 15일 기준)

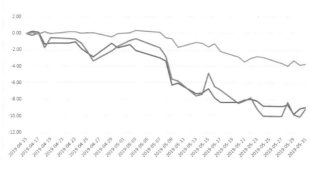

코스피　　　코스닥　　　허영만 종합

8화

초보자들의 질문

독자들에게 만화를 본 소감이 어쩌냐고 물어봤어요.

그랬더니 이런 질문을 했어요.

초보들의 질문 내용

1. 주식시장 침체장에서 하지 말아야 할 것들이 무엇인가요?

2. 구체적인 진입 시점과 구간

3. 하락 추세에서 인버스* 등 파생 상품을 해도 되나요?

4. 정량화되고 정확한 패턴, 기법 등이 있나요?

5. 주식시장에서의 고점 신호와 저점 신호를 어떻게 파악할 수 있나요?

6. 잘못된 지식으로 학습된 매매 틀 완성과 효율성의 문제

7. 자금 관리에 대한 이해 부족(몰빵)

8. 매매 기법만 알면 시행착오 없이

   수익을 낼 수 있다는 대박 현상

● 인버스(inverse)
지수가 하락할 때 수익이 발생하는 상품

초보자들은 일단 돈 많이 번 사람이 조언하는 걸 좋아하더라고요.

그래서 고심하다가 증거가 될 만한 것을 일부 가지고 왔습니다.

실전투자대회 수상 경력

2004년 키움증권 실전투자대회 키움상 수익금 1위 259%
2007년 키움증권 실전투자대회 1억 리그 1위 수익률 408%
2009년 키움증권 실전투자대회 1억 리그 1위 수익률 318%
2010년 키움증권 실전투자대회 1억 리그 2위 수익률 191%
2011년 미래에셋증권 실전투자대회 1억 리그 3위
2011년 키움증권 실전투자대회 1억 리그 1위 수익률 504%
2011년 미래에셋증권 TIGER ETF 실전투자대회 5000리그(총 6회 실시)
    1회 차 수익률 1위
    2회 차 수익률 1위
    4회 차 수익률 1위
2013년 미래에셋증권 TIGER ETF 실전투자대회 2000리그(총 4회 실시)
    2회 차 수익률 2위
    3회 차 수익금 1위
    4회 차 수익금 1위
2014년 미래에셋증권 실전투자대회 1억 리그 3위 수익률 62%
2014년 키움증권 실전투자대회 1억 리그 1위 수익률 139%
2015년 키움증권 실전투자대회 1억 리그 3위 수익률 189%
2016년 키움증권 실전투자대회 1억 리그 1위 수익률 126%
2017년 키움증권 실전투자대회 1억 리그 1위 수익률 599%
2019년 키움증권 실전투자대회 1억 리그 1위 수익률 210%

총 18회 수상

잘하시는 줄 알지만….

우와!

599%도 있어요..!

과거에는 통정매매, 허수 주문 등
증권거래법을 위반하면서
수상을 하는 경우가 있었는데요,
요즘은 시장감시위원회에서
불건전 주문 여부 심사 후
시상을 해서

조금이라도 투자에
의심이 가면
수상 못 합니다.

이런 걸 감추고 있었네요.
처음부터 탁 내어놨으면
독자들이 더 좋아했을 텐데….

초보 투자자들의 질문 중에
침체 장에 대한 질문이 있었는데요,
초보 투자자는 시장을 보는 눈과
대응하는 능력이 아직
부족하기 때문에
요즘 같이 대내외적으로
악재의 확장과 소강상태가
반복될 때는
쉬어가거나 소극적으로 대응하는
것이 좋습니다.

선불리 매수하지 않고
관망하다가
반전이 나오면 들어가야죠.

전(前) 저점이 2,000포인트니깐
그걸 확인하고 들어가야 한다.

2,150과 2,100포인트에서 매수하고
손해 볼 필요 없다.

개인들이 4월 중순
2,250포인트 부근에서 들어오기 시작해
6월 초까지 물린 것이 코스피와 코스닥에서
4조 원이나 된다.

어마어마하다.

기술적 반등, 고점 부근에서의 긍정적인 기사는
개인들의 매수 심리를 부추길 수 있다.
때마침 미·중 무역 분쟁, 경기후퇴와 같은 악재도
소강상태에 진입했다.

그런데 다시 격화되었고
주가가 빠졌다.

개인은 그동안 올라갈 때 못 샀으니까
눌림목 구간에서 매수하죠.
그런데 계속 빠져요.
이젠 물타기까지 합니다.

● 물타기(scale trading)

매입한 주식 단가보다 낮은 가격으로 추가로 주식을 사들여 평균 매입 단가를 낮추려는 행위. 매입한 주식의 가격이 하락해 손실이 커질 경우, 평균 매입 단가를 낮춰 손실 폭을 가능한 한 낮추려는 방법이다. 그러나 주가가 더욱 큰 폭으로 하락하면 손실이 더 커질 위험이 있다.

우리나라에서 주식투자를 잘하려면 효율적인 매매 기법을 한 가지 이상은 가지고 있어야 합니다.

허나, 매매 기법이 있더라도 원칙을 정해서 제대로 실행해야 수익을 낼 수 있다.

매도, 매수, 손절매 등 원칙이 확실히 정해져 있는 경우는 무조건 즉시 행동해야 한다.
주저하거나 머뭇거려서는 안 된다.

그리고 매매 기법에 충실하도록
높은 정신력을 항상 유지하고,
탐욕, 공포, 상실감 등
평정심을 무너뜨릴 만한 상황에 대한
대비책을 가지고 있어야 합니다.

????

초보가 가장 실수하는 부분은
분봉 차트, 캔들, 이동평균선, 패턴 등의 매매 방법으로
시장의 상황이나 종목의 흐름을 알아내지 못한 채
본인의 매매 기법이 전부라고 착각하는 것이다.

이것이 아니라고 빨리 깨닫는 투자자일수록
적은 수업료로 매매 기법을 깨달을 수 있다.

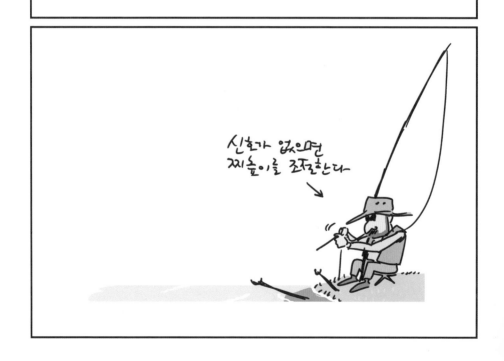

마냥 째만 노려본다

신호가 없으면
찌높이를 조절한다

왜 잘못된 매매 기법에서
빠져나오지 못할까요?

이겁니다.

- 그동안 어렵게 배운 지식이 아까워서

- 가끔은 수익이 나기 때문에 앞으로도 혹시나 하는 마음에

- 주변에 크게 성공한 사람이 없어서
  (효율적이지 못한 방법이 고착화되어 있는 경우)

- 당신과 나는 상황이 다르기 때문에
  (나는 나의 방법으로 하겠다고 고집을 부리는 경우)

이유가 비슷비슷하다.

우리나라 시장이 현재나 미래에
추세 상승 중이라면
물타기를 해도
어차피 오를 확률이 높기 때문에
큰 문제가 되지 않겠지만
지금까지의 결과로는
물타기의 긍정적인 부분을
얘기하기 어렵습니다.

물타기를 하면
무조건
마이너스예요.

주가가 10% 빠졌다고 하자.
밑에서 두 배를 사서 5%가 올라오면
0이 된다. 다행이다.

10% 빠져서 두 배를 샀는데
거기에서 또 10%가 빠졌다.
거기서 또 10% 빠지면 계좌 아웃이다.

원금을 거의 다 소진한다.

물타기는 잘해야 본전이다.

물타기는 그 이상
안 내려갈 것을
예상하고 하잖아요.

예상을 했지만
제대로 예상 못 했다.
개인들이 물타기 할 때는
급락 장이나 급락 종목에서
하는 경우가 많기 때문이다.

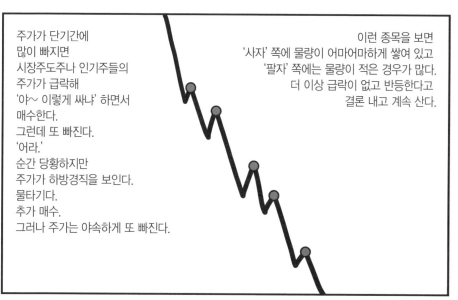

주가가 단기간에
많이 빠지면
시장주도주나 인기주들의
주가가 급락해
'야~ 이렇게 싸냐' 하면서
매수한다.
그런데 또 빠진다.
'어라.'
순간 당황하지만
주가가 하방경직을 보인다.
물타기다.
추가 매수.
그러나 주가는 야속하게 또 빠진다.

이런 종목을 보면
'사자' 쪽에 물량이 어마어마하게 쌓여 있고
'팔자' 쪽에는 물량이 적은 경우가 많다.
더 이상 급락이 없고 반등한다고
결론 내고 계속 산다.

● 하방경직성
주가가 어느 선까지 하락을 하면 경험으로 학습된 투자자들의 매수세가 강해져 크게 반등하는 상황

물타기 하는 투자자는
싸다고 사는 것이 아니고
진짜 바닥이 나온 것 같으니까
산다.

그러나 그런 구간은 급락 구간이다.

떨어지는 구간에
반짝 반등을 보고
그것이 바닥이라고
착각하는 것이다.

요즘에도
이렇게 물타기 한 사람들이
많았을 겁니다.

박스권 때 매매의 핵심은
악재가 생겨서 빠질 때
박스권 하단까지 갈 것인지
조금 하락하다가 반등할 것인지를
예상하는 것이 중요합니다.

그런 걸 어떻게 아냐고….

악재가 커서 박스권 바닥까지 갈 것 같다고 보면
시장주도주나 인기주의 가격이
10%, 20% 빠지더라도 매수하면 안 된다.

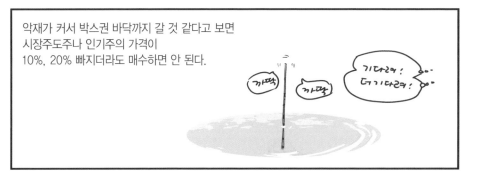

주가가 바닥권까지 가면 외국인과 기관들이
매도를 많이 했다는 증거다.

그들은 종목을 가리지 않고 판다.
시장의 불확실성이 커지면 좋은 종목도 판다.

그러니까 다 같이 빠진다.

좋은 종목이 많이 빠졌다고 매수하고
시간이 지나면 다시 박스권 하단에 떨어진 것을
확인하게 된다.

이번 경우도
2,000포인트까지
기다리세요.

"사고 싶어도 꾸욱 참으세요"라고 말하지만
미·중 무역 분쟁의 소강상태 진입이나
미국 금리 인하에 대한 기대감으로
지수가 순간 반등을 하면
저도 사실은
일부 분할 매수를 시작합니다.

그렇게 바닥권인지
어떻게 아냐고요.

2019년 6월 3일(월)

 최준철 브이아이피자산운용 대표

효성화학 14만 4500원에
7주 매수.

허영만

주문했습니다.

 최준철 브이아이피자산운용 대표

| 투자포인트 |
단기적으로 영업 환경이 좋고
장기적으로 베트남 프로젝트의
성공 가능성이 높을 뿐 아니라,
워낙 투자 규모가 커서 전체적으로
기업 가치를 재고하게 된 영향이 큽니다.

허영만

체결됐습니다.

허영만

와~ 최 대표 시장 본격 진출.

 최준철 브이아이피자산운용 대표

줍줍 하기
좋은 타이밍이네요. ㅎㅎ

이홍장 이상투자그룹 수석 전문가

스윙주
종목: **우성사료**
종목 코드: 006980
1차 매수가: 3,950~3,920원 (매수가 걸어두세요)
비중: 5%
1차 목표가: 4,200원 이상
손절가: 3,500원 미만

| 투자포인트 |
돼지열병사료주

| 참고 사항 필독 |
1차 목표가 도달 시
비중의 절반을 매도해주시고,
나머지 비중만 수익 극대화 전략으로 갑니다.
매수가가 오르락내리락할 때에는
매수가가 내려오는 타이밍에 매도하셔서
손실이 나지 않도록
집중해주시기 바랍니다.
1차 목표가 손절가에 도달할 경우,
별도로 문자를 드리지 않으니
꼭 지켜주시기 바랍니다.

3,965원, 100만 원 매수합니다.

허영만

우성사료 252주
3,965원에 매수했습니다.

이홍장 이상투자그룹 수석 전문가

우성사료 잘 오른 뒤에 마감되었네요.
오늘도 수고하셨습니다.

보유 종목은 바닥권에서
반등을 보여 주고 있으므로
바로 매도하기보다는
손실을 최소화할 수 있는 시기에
매도하도록 하겠습니다.

2019년 6월 4일(화)

허영만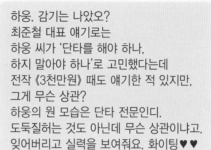

하웅. 감기는 나았오?
최준철 대표 얘기로는
하웅 씨가 '단타를 해야 하나,
하지 말아야 하나'로 고민했다는데
전작 《3천만원》 때도 얘기한 적 있지만,
그게 무슨 상관?
하웅의 원 모습은 단타 전문인디.
도둑질허는 것도 아닌데 무슨 상관이냐고.
잊어버리고 실력을 보여줘요. 화이팅♥♥

댓글 이런 거 보지 말고.
난 평생 만화 그리면서
독자 댓글을 본 적이 없어요.
작은 물줄기가 큰 흐름을
방해할 수 있으니까.
상대가 아무렇지도 않게 뱉은 말이
내 가슴에 비수가 돼 꽂힐 수 있으니까.

 하웅

네. 명심하겠습니다.
단기 매매 타이밍 잡기가
어려운 장이라 숙고 중입니다.

브이아이피자산운용 대표
오늘도 줍줍 들어갑니다.

SK머티리얼즈
14만 9500원에 7주 매수.

 최준철 브이아이피자산운용 대표
주문 안 나가는 거 같네요.

14만 9000원으로 내주세요.

 허영만

앗 죄송합니다!
다른 업무 중이었어서
못 봤네요...!

SK머티리얼즈 7주
14만 8900원에 체결됐습니다.

 최준철 브이아이피자산운용 대표
감사합니다.

─── 2019년 6월 5일(수) ───

 이홍장 이상투자그룹 수석 전문가
SFA반도체 2,970원,
100만 원 매수.

 허영만

SFA반도체 2,970원
336주 매수 체결됐습니다.

 이홍장 이상투자그룹 수석 전문가
네, 감사합니다.

 이홍장 이상투자그룹 수석 전문가
우성사료 VI 발동.

돼지열병 갑니다.

저팔계 출동!

허영만

팔계야, 숨어라!

최준철 브이아이피자산운용 대표

허영만 작가님,
혹시 스타크래프트 해보셨나요?

허영만

안 해봤어요.
바쁜데 게임까지 했다가는
잘 시간이 없죠.

최준철 브이아이피자산운용 대표

제가 산 효성화학 그리실 때
'앞마당 가스 멀티(스타크래프트 게임 용어)'
그림을 넣으시면 적절할 듯해서요.

우리나라에서 하는 사업을 베트남에서
더 크게 전개하는 상황인데,
LPG 저장 탱크를 건립해
가스 유통 및 화학사업을 하는 회사거든요.
'앞마당 가스 멀티' ㅋ

허영만

실제로 검색해보니
뉴스도 나오네요. ㅎㅎ

최준철 브이아이피자산운용 대표

네, 그거 보고
이거다 싶었던 겁니다.
정말 적절한 표현.

KT&G는 담배와 홍삼이니까
이해하기 어렵지 않으실 거라 생각했는데,
효성화학은 산업용 제품이라
어떻게 표현하면 좋을지 저도 몰랐거든요.

최준철 브이아이피자산운용 대표

오늘도 줍줍 이어갑니다.

롯데제과 16만 원에 6주 매수.

허영만

체결됐습니다.

최준철 브이아이피자산운용 대표

| 투자 포인트 |
우리나라 제과·빙과·껌 1위 회사죠.
스테디셀러 브랜드도 다수 보유 중이고요.
대부분 잘 모르시지만
파키스탄, 카자흐스탄, 인도 등
신흥 시장에서 존재감이 큽니다.
올해부터 본격적으로 해외 사업의 기여도가
실적과 주가에 반영될 겁니다.

허영만

궁금한 게 있는데
가끔 HTS(Home Trading System, 홈 트레이딩 시스템)를 켜면
신규 상장되는 종목들이 나옵니다.
오늘 같은 경우는 마이크로디지탈이 신규 상장됐고,
공모가가 2만 3000원인데
지금은 약 두 배인 5만 500원입니다.

항상 신규 상장되는 종목은
상장 당일에 가격이 많이 오르는 경우가
많은 것 같은데
이런 종목은 따로 공략하시나요?

최준철 브이아이피자산운용 대표

신규 상장 종목은 잘 안 봅니다.
소개팅에서 화장을 짙게 한 상대는
착각하기 쉬워서입니다.
근본적으로 신생 회사보다는 오래된 회사를 좋아합니다.
허영만 화백님 같은? ㅋㅋ

허영만

아하. 혹해서 사면
망할 수도 있겠군요….ㅎㅎ

최준철 브이아이피자산운용 대표

개인 취향입니다.
신규 상장 종목 좋아하시는 분들은
공모주* 투자 열심히 하세요.
공모주 펀드에 가입하는 것도 방법이고요.

●공모주
일반에게 널리 투자할 사람
을 구하여 발행하는 주식

허영만

최준철 대표 적극 매매,
정말 백만 대군에 버금갑니다.

최준철 브이아이피자산운용 대표

계속 대군 출동시키겠습니다.
주식이 다 싸서 좋네요. ㅎㅎ

허영만

어떤 걸 주워야 보석이 될지….

6월 6일 현충일에는 주식시장이 열리지 않았다.

2019년 6월 7일(금)

박동규 두나무증권 분석가 팀

| KH바텍 투자 포인트 |
1. 신제품 효과로 2019년 2분기 매출액은 1분기 대비
   55% 증가한 680억 원 예상

2. KH바텍 2019년 2분기 영업이익은
   흑자 전환할 것으로 예상, 1/4분기 만에
   순이익 흑자로 전환할 수 있을 것으로 전망

| 쎄트렉아이 투자 포인트 |
1. 국내 유일의 인공위성 시스템 자체 제작 업체

2. 향후 지구관측용 중소형 위성 시장 확대로
   수혜 예상

3. 또한 동사는 제품 다변화를 통해
   고부가가치 제품으로 매출 비중을 높일 것으로 판단,
   이에 힘입어 가파른 실적 개선 기대

4. 현재 수주 잔고 1860억 원으로 사상 최대치 기록

KH바텍 시장가로 40주 매수,
쎄트렉아이 시장가로
15주 매수 부탁드립니다.

박동규 두나무증권 분석가 팀

9시 개장 전에 미리 시장가로
매수 주문 거시면 바로 매수될 거예요. ㅎㅎ

허영만

KH바텍 40주,
체결 평균가 9,579원.

쎄트렉아이 15주,
체결 평균가 2만 2450원.

 박동규 두나무증권 분석가 팀

감사합니다.

KH바텍 1만 원에 매도 부탁드립니다.

허영만

전량이지요?

매도 주문 넣었습니다.

 박동규 두나무증권 분석가 팀

네~ 감사합니다.

매도 완료됐겠네요. ㅎㅎ

허영만

아 넵. 매도 완료됐네요, 어느새.
ㅎㅎㅎ

 박동규 두나무증권 분석가 팀

감사합니다.

쎄트렉아이 2만 2150원에
15주 추가 매수 부탁드려요.

허영만

죄송합니다!
실수로 매도해버렸는데!

30주로 매수할까요??

박동규 두나무증권 분석가 팀

오, 아닙니다;;
그럼 지금 쎄트렉아이 보유하고
있는 건 없는 거죠?

허영만

넵….

 박동규 두나무증권 분석가 팀

알겠습니다~ 고생하셨어요.

허영만

죄송합니다….
이런 실수를 해버릴 줄이야….

다음부턴 제대로 하겠습니다….

 박동규 두나무증권 분석가 팀

12만 원에 넷마블 4주
매수 부탁드려요.

허영만

매수 주문 넣었습니다.

허영만

넷마블 12만 원에 4주 매수 체결됐습니다.

 브이아이피자산운용 대표

메리츠화재 2만 1600원에
50주 매수.

허영만

매수 주문 넣었습니다.

 최준철 브이아이피자산운용 대표

전략적이고 혁신적이며 실행력 강한 경영진이
현재 5위 손해 보험사를 결국 삼성화재를 위협할
2위 사로 도약시킬 거라 믿습니다.

허영만

체결됐습니다.

 이홍장 이상투자그룹 수석 전문가

SFA반도체 매도 준비.

이홍장 이상투자그룹 수석 전문가

3,150원, 50만 원 매도.

매도 물량 걸어두세요.

3,120원, 50만 원 매도.

 이홍장 이상투자그룹 수석 전문가

SFA반도체 상승하고 있습니다.

3150원, 50만 원 매도 주문 넣어두세요.

허영만

SFA반도체 3,120원에
158주 매수 체결됐습니다.

 이홍장 이상투자그룹 수석 전문가

네, 감사합니다. 수고하셨습니다.

SFA반도체 좋은 흐름으로 상승하였습니다.

50만 원 남은 물량은 좀 더 보유하겠습니다.

그리고 우성사료는 전일 급등 시
매도 못한 게 아쉽지만
추가 상승을 기다립니다.

 이홍장 이상투자그룹 수석 전문가

아, 괜찮습니다.
SFA반도체 더 올라갈 것입니다.
수익이 더 날 수도 있습니다.

9화

매일…

어떻게
아느냐면….

시장에 영향을 미치는 국내외 정치 경제 기사를 매일매일 찾아보면서
분석·예측한다.

그런 다음 예측이 맞았나 틀렸나 확인한다.

맞으면 잘된 거고,
틀리면 왜 틀렸나 수정해야 한다.

그냥
넘어가는것이
없서예요

이런 작업을 365일 계속한다.

매일… 분석, 예측, 확인, 수정.

잠좀 자자!

오늘 골프 못간다니까!
주식투자 안하는
사람이랑 같이가!

시장에 영향을 미치는
각각의 재료는
기간이 짧은 것도 있고
매우 긴 것도 있습니다.

그렇기 때문에
재료가 발생한 시점부터 종료될 때까지
시장과 관련 주식의 주가를
끝까지 살펴보는 것이 중요합니다.
어떤 것은 시작하자마자 끝나고,
계속 갈 듯한데 끝나기도 하고,
안 갈 것 같은데 계속 가는
경우도 있습니다.
재료가 시장과 주식에 정직하게 반영돼
눈에 쉽게 보이게 가는 경우도 있습니다.

이렇게 매일 훈련을 해야지
사냥감을 놓치지 않는다.

사냥감이 코앞인데
활을 만들고 있으면 밥을 굶는다.

주식 공부하듯
다른 사업을 열심히 하면
그쪽에서도 성공하겠지요?

저는 사업보다 주식 쪽이
확률이 높다고 봅니다.

매매 중간에 다른 분야에 들어가봤었는데요,
저는 사기당하기 딱 좋은 스타일이더라고요.
한마디로 '호갱'이라고 합니다.
그러나 주식은 승률이 높은 쪽으로 노력을 많이 하면
'호갱'은 벗어나는 것 같습니다.
요즘 시장이 침체 장인데
코스피 지수가 2,000포인트까지 떨어지나 안 떨어지나
또는 그 이상까지도 떨어지나를 살펴보고 있습니다.

미국과 중국의
무역 전쟁이
언제 끝날까요?

이건 만나는 사람마다
질문하는 겁니다.

금방 끝나기
어렵지 않을까요?

그 틈에 끼인 한국은 처신이 힘들다.

시장에 장애 요인이 많아지면
기업의 의욕이 떨어지고 이익도 감소된다.
그러면 주식시장도 가라앉는다.
좋은 것은 하나도 없다.

이것도 멀다.

더 가까이 와야
성공 가능성이 높아진다.

시장의 하방 압력이 강하니까
2,200, 2,100포인트일 때도 안 담는다.
2,000까지 기다려본다.

나눠서 사야죠.
2,100일 때도 사고
2,000일 때도 사야죠.

지금은 악재가 계속 진행 중이라
분할 매수를 해도 위험관리 차원에서
조금만 담고 계속 분석하며
기다려야 하는 구간으로 봅니다.

전 저점 2,000이 최근에 있었는데
이전의 악재가 해소될 것 같아서
2,250까지 올라갔었다.

이제는 악재가 다시 확장되니까
다시 아래로 내려가고 있는 중입니다.

박스권 바닥에서 모든 종목이 반등하는 것이 아니니까
성장 산업 우량주를 찾아 놔야 한다.

성장 산업 우량주는 제일 먼저 오르고 많이 오를 확률이 높다.
그러니까 성장 가능 우량주가 꿈틀거릴 때 매수한다.

이것이 독자들에게 권하는
매매 방법 중 하나입니다.

두 번째 방법은
스캘핑(초단타매매)입니다.

남들 앞에서 주식으로 돈 번 얘기를 하면
곧이듣지를 않아요.

증말?

에이 뭐····

그래서 작년 말에 두 개 계좌를 빼서
2년 치를 공개한 적이 있습니다.

계좌가
몇 개나 되죠?

단기 계좌, 중장기 계좌,
그리고 파생 계좌를 따로 분리하여
여러 개를 가지고 있습니다.

중장기 계좌는 단기 계좌보다
수익이 많지 않았어요.
하락 장이었으니까요.

단기투자는 항상 하던 기술이 있으니까 수익이 컸다.
2017년 15억. 2018년 15억.

100만원으로
이바닥에서
컸으니까

일반인들은 주식투자자들이
대충 살면서 돈 버는 것으로
오해합니다.

저는 그 반대죠.
공부 피나게 합니다.

제 투자 방법을 100% 얘기해줘도
다 따라오지 못합니다.

많은 시간을 들여서
엄청난 노력을 해야 하는데
그걸 견디지 못하는 것이다.

필자가 강연을 할 때
꼭 하는 말이 있다.

필자의 만화 《꼴》은
관상 만화다.

맨 처음 관상 선생님을 뵈러 갔을 때

사람 얼굴이 보이려면
얼마나 공부해야 합니까?

3년은 해야지.

3년!
만화 한 편 그리는 데
소비하는 시간치고
너무 길다.

그래서 머뭇거리고 있을 때
관상 선생님의 결정적인 한마디.

**관상 공부를
하든 안 하든
3년은 지나간다!**

그렇다.
우물쭈물하고 있을 때도
시계의 초침은
잔인하게 돌고 있는 것이다.

좋습니다!
공부하겠습니다!

그로부터 매주 금요일 저녁 7시부터 10시까지
3년 반을 관상 공부하고 《꼴》 만화를 그릴 수 있었다.

그때 공부하지 않았으면
《꼴》 만화는 나올 수 없었다.

주식을 공부하지 않고 3년을 보내면
어떤 생활을 하게 될까?

주식투자가 적성에 맞는다면
코피 터지게 공부해야 할 것이다.

만화가의 입장에서 보면
주식시장에서 살아남는 방법이
만화 시장에서 살아남는 방법보다
더 쉬워 보인다.

만화가는 국내 단일 시장에서
다른 만화가들을 이겨낸
상위 5%만이 살아남을 수 있다.

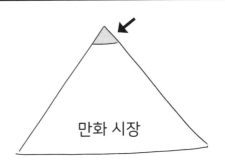

만화 시장

주식시장에서는
드러내놓고 다른 투자자들과 경쟁하지 않고
투자자 각자의 투자 금액과 성과 목표에 따라 투자해
자립할 수 있다.

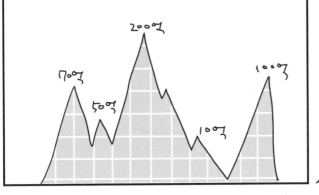

스캘핑 얘기하다가
옆으로 빠졌습니다.

2019년 6월 10일(월)

박동규 두나무증권 분석가 팀

| 젬백스 투자 포인트 |
1. 젬백스의 치매 치료 후보 물질인 'GV1001'은
   완전히 새로운 기전의 치매 치료제로 각광받고 있다.

2. 젬백스는 중증도 알츠하이머 환자를 대상으로
   임상 2상을 모집을 끝냈으며,
   올해 4분기 임상 결과 발표를 앞두고 있음.

3. 또한 지난달 국내 처음으로 미국식품의약국(FDA)으로부터
   임상 2상 임상시험승인(IND)을 받았으며,
   하반기 미국에서 중증 치매 임상 2상을 진행할 예정.

젬백스 시초가●
30주 매수 부탁드립니다.

●시초가
장 시작 시간의
첫 거래 체결가

허영만

일단 젬백스 시장가로
매수 주문 올려놨습니다.

허영만

1만 6150원으로
30주 매수 체결됐습니다.

박동규 두나무증권 분석가 팀

젬백스 1만 7000원에
전량 매도 걸어주세요.

허영만

일단 매도 걸어놨습니다.

최준철 브이아이피자산운용 대표

메리츠화재 2만 1000원에
50주 매수.

허영만

주문 넣었습니다.

허영만

체결됐습니다～

최 대표 고마유. ♥

2019년 6월 11일(화)

 박동규 두나무증권 분석가 팀

에이스침대 시장가로 10주,

NEW
시장가로 45주 걸어주실래요?

| 투자 포인트 |
1. 약 1500억 원의 숨겨진 가치가
   주가에 반영되지 못한 상태.
   약 40%의 주가 업사이드*가 존재.

2. 1분기 호실적 기록.
   대부분의 B2C* 건자재 업체들의
   경영 실적이 부진했던 점을 감안하면
   차별적인 실적을 시현 중.

● 주가 업사이드(upside)
주가 상승 여력을 뜻한다. 예컨대 기
대되는 목표 주가가 1,200원이라 하
고, 현재 주가가 1,000원이라면 상승
여력은 20%가 되는 것이다.

● B2C(Business-to-Customer)
기업과 소비자 간의 거래

> 허영만
>
> 에이스침대
> 체결 평균가 3만 2500원

> NEW 체결 평균가 6,600원으로
> 체결됐습니다.

박동규 두나무증권 분석가 팀

둘 다 시초가로 매수했어야 하는데,
이렇게 되면 실패 같네요.

9시에 딱 살 수 없는 상황이면,
미리 알려주시면 감사하겠습니다.

9시 넘어가서 매수하면 안 돼서요.

> 허영만
>
> 아…. 알겠습니다.
> 주의하도록 하겠습니다.

허영만

미안합니다. 우리 문하생 병희가 잘 허다가….
아직 출근 전인가?

난 〈백반기행〉 촬영차 강화도입니다.

> 허영만
>
> 정시에 도착해서 부랴부랴 하다가
> 조금 늦었습니다….

박동규 두나무증권 분석가 팀

괜찮습니다.
근데 시장가 아니면 장 보다가
다시 매수가를 잡는 게
더 괜찮아서요~ 고생 많으셨어요!

박동규 두나무증권 분석가 팀

젬백스 30주
전량 1만 7050원에 매도 걸어주세요~

젬백스 1만 7050원에 30주
전량 매도 체결됐습니다.
수익률 5.28%

 박동규 두나무증권 분석가 팀

감사합니다～

 최준철 브이아이피자산운용 대표

제주항공 3만 5450원에
30주 매수.

허영만

체결됐습니다～

2019년 6월 13일(목)

 이홍장 이상투자그룹 수석 전문가

에이디칩스 올라옵니다.

2,300원에 매도합니다.
전량 매도.

허영만

주문 넣었습니다.

최준철 브이아이피자산운용 대표

제주항공 3만 4750원에
20주 매수.

허영만

체결됐습니다~

2019년 6월 14일(금)

이홍장 이상투자그룹 수석 전문가

동성제약 보세요.

동성제약 2만 2700원 이상
전량 매도합니다.

허영만

주문 넣었습니다.

2만 2700원에 41주 전량
매도 체결됐습니다.
수익률 −6.07%.

이홍장 이상투자그룹 수석 전문가

우성사료 보세요.
3,830원에 전량 매도합니다.

허영만

주문 넣었습니다.

최준철 브이아이피자산운용 대표

롯데제과 17만 8000원에
3주 매도.

허영만

주문 넣었습니다.

최준철 브이아이피자산운용 대표

매도가 17만 7000원으로
바꿔주세요.

허영만

매도 체결됐습니다.
수익률 10.32%

주가가 더 빠진 다른 종목들을 사고 싶어서
일단 롯데제과 보유분 중 절반을 팔았습니다.

허영만

카카오스탁 랭킹에 정상 반영되었으며,
보유일 9일 만에
10.28% 수익 기록하셨습니다.^^ 멋지십니다.

KT ▷ ▶ ⟲ ·	📶 ⁵ᴳ⁺ .ıll 100% 🔋 오후 3:07

‹ 매매내역

매수가	보유수량	투자금
160,000	3주	480,000

보유일	수익률 ⑦	보유수익 ⑦
9일	10.28% (수수료, 세금 포함)	49,367 (수수료, 세금 포함)

매매내역

매도 19.06.14	1주 177,000	177,000 10.29% 16,469
매도 19.06.14	1주 177,000	177,000 10.29% 16,469
매도 19.06.14	1주 177,000	177,000 10.29% 16,469
매수 19.06.05	6주 160,000	960,000

브이아이피자산운용 대표

단기 성과는 대부분 운을 따릅니다.
제가 단기 매도를 하는 경우는 대부분
종목 간 비교를 통해 더 매력 있는 주식을 사기 위한
현금 마련이라 이해하시면 되겠습니다.

허영만

넵. 숙지하겠습니다.
저도 보통 개인들과 마찬가지로
'어제 샀는데 오늘 팔고 돈 벌었다!!'
이런 느낌(?)으로
보유일과 수익률만 보게 되는지라
좀 더 배우고 공부해야 될 거 같습니다.

 브이아이피자산운용 대표

짧은 시간 안에 성과가 나면 당연히 좋죠.
근데 그걸 투자 전부터 목표로 삼는 건
궁극적으로 좋지 않다는 얘길 드리고 싶었습니다.

허영만

넵. 감사합니다.^^

박태우 두나무투자일임 전략 팀장

현재 포트폴리오에
현금이 얼마나 있나요?

허영만

479만 2924원 있습니다.

박태우 두나무투자일임 전략 팀장

다음 주 미국 연방공개시장위원회(FOMC)가 열리는데,
기준 금리 인하 시그널이 어떻게 나올지 궁금하네요.

FOMC 회의 결과에 배팅하는 게
좀 위험성은 있지만,
주식시장이 계속 부진했던 만큼
가치 평가 매력이 있는 터라 섹터와
종목 잘 고민해서 조만간 주문 드리겠습니다.

2019년 6월 15일(토)

허영만

최 대표 잘 움직이지
않는 줄 알았는데….
대단해요.

최준철 브이아이피자산운용 대표

요즘 개별 종목들의
주가 등락이 한 방향이 아니라서
리밸런싱*을
자주 시도하게 되네요.

> ● 리밸런싱(rebalancing)
> 특정 자산의 투자 비율을 맞춰놓고, 시장 변동으로 자산 규모가 바뀌면 기존 비율로 재조정하는 투자법. 예컨대 주식 50%, 채권 50%로 투자 비율을 유지하도록 조정하는 것이다.

허영만

고마워요.
독자들은 변화를 원해요.

최준철 브이아이피자산운용 대표

중요한 건 장기 수익률이니까요.
이걸 잘 만들기 위해 상황에 맞는
최적의 방법을 쓸 뿐입니다.

허영만

하여간 최 대표는 고수요.

10화

마하세븐의 특별 강의

마하세븐 한봉호의 스캘핑 기법 강좌

● 스캘핑이란

주가의 변동성을 이용해
아주 짧은 시간 안에 매매를 마무리하는 것으로,
하루에 많게는 수십 번까지 매매를 할 수 있다.
장이 끝날 때 주식을 보유하지 않고
당일 정리하는 것을 원칙으로 한다.

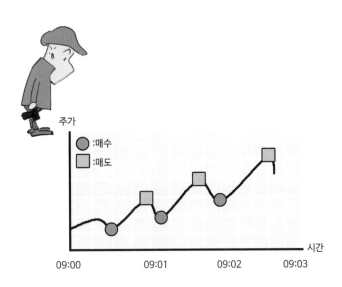

● 스캘핑을 하는 이유

상승 장 외에 주식시장이 조정 장, 침체 장일 때도
꾸준히 이익을 얻기 위함.

상승 장   상승 후 조정 장   침체 장

● 어떤 성향의 사람이 어울리나

성격이 급해서 주식을 매수하면
바로 매도 충동을 느끼는 사람

주식을 매수한 후 마음이 편안하고
매도 충동을 느끼지 않는다면
스캘핑 방법과 어울리지 않는다.

● 필요 장비
19인치 모니터 한 대.
스캘핑은 고도의 집중력이 필요하므로
초기에는 여러 대의 모니터가 필요 없다.

● 물타기 방식
처음부터 적은 금액의 100%를 전부 사용한다.
그러면 돈이 없으니 물타기를 방지할 수 있고
다음 순서는 매도밖에 없으니 손절매를 잘할 수 있다.
대부분 물타기를 하고 손절매를 잘하지 못해서
실패를 경험한다.

스캘핑에 적합한 투자자는
1~2년 하면 감을 잡고 수익을 얻는다.

● 필요 원금
매매의 회전율을 높여 수익을 쌓아가는 방법이므로
초기에는 무조건 적은 금액(100만 원 이하)으로 시작한다.
규모의 경제를 생각하여 주식투자 원금도 처음부터
대규모로 시작하면 세금, 외국인, 기관, 개인 고수들에게
골고루 나눠주는 자선사업가가 될 확률이 매우 높다.

● 자부심

주변에서 스캘핑을 건전한 투자가 아니라고
무시하기도 한다.
그러나 타고난 성향이나 경제 여건에 따라서
투자의 다양성을 인정해야 한다.
스캘핑으로 수익을 낸다고 부끄러워하지 마라.
야구에 홈런 타자만 있는 것이 아니듯이.

● 매수

매수 이후 주가 상승의 1파 상승으로 매매를 마무리
한다. 주가 상승추세 구간의 눌림목, 박스권의 바닥,
상승추세가 살아 있는 하락 구간의 V자 반등 구간.

● 매도

매 초마다 매도세와 매수세의 대결을 지켜보다가
더 이상 상승 기미가 없으면 매도 시행.
매도를 잘못하는 투자자는
수익에 대한 욕심이 과한 경우일 것이다.

● 손절매

주식은 위험 자산이다. 위험한 곳에 투자하면서
손해를 안 본다는 것은 이치에 맞지 않는다.
위험을 피하는 기본 중의 기본은
손절매를 잘하는 것이다.

● 물타기

많은 투자자들이 손절매를 하지 못하거나
타이밍을 놓쳐 주가가 하락하면
물타기의 유혹에 빠진다.
물타기의 효율성을 따져보면
'잘해야 본전, 못하면 쪽박'이다.

● 스캘핑을 할 수 있는 종목 선정
 • 추종 매수세가 물리는 종목
 • 거래량이 증가하는 종목
 • 주가의 변동성이 커지는 종목
 • 주가의 상승추세가 일정 부분 확연히 나타나는 종목

시장인기주가 스캘핑에 적합하다.
시장인기주는 업종대표주와 같은 우량주가 될 수도 있고
기대감 있는 테마주의 선도주가 될 수도 있다.
개별 종목도 가능하다.

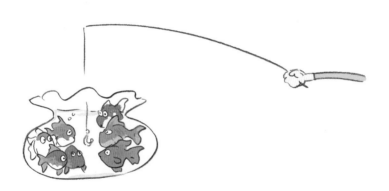

좋은 재료는 추종 매수세가 강하게 몰려야 한다.
시장은 이성적이기도 하고 비이성적이기도 하다.
변동성을 이용한 스캘핑 매매 기법은
비이성적일 때 많은 수익을 올릴 수 있다.

● **스캘핑 존(scalping zone)**

스캘핑 존이란 스캘핑이 가능한 종목의 주가 상승추세 구간을 의미한다. 이런 구간의 캔들* 모양은 장대 양봉, 역망치형, 장대 음봉 등이 주로 나타난다.

●주식 캔들(candle, 봉)
주식의 가격을 봉 형태로 나타낸 것

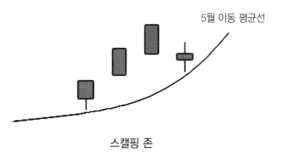

5월 이동 평균선

스캘핑 존

좋은 결과 얻으세요

독자들이 한봉호 교수의
매매방법을 직접 전수
하는 것이 좋겠다고 합니다

언제 사무실로
갈까요?
한교수님!
한교수님!
응답하라 오버

● 스캘핑 연습 방법

시장인기주의 스캘핑 존에서 정해진 매매 원칙을 준수하며 매매를 한다. 종목이 교체되더라도 주가·호가 창의 움직임이 비슷하므로 매매의 숙련도를 높일 수 있다. 가끔 시장의 침체기가 길어지면 시장 인기주도 시들하여 매매의 연속성이 떨어질 수도 있다. 이럴 때 스캘핑의 매매 기법과 맞지 않는 종목*을 매매해서는 안 된다.

* 충분히 분석되지 않고 주가·호가 창의 움직임이 눈에 익지 않은, 당일 움직임이 활발한 종목 등

● 연습 기간

스캘핑에 적합한 투자자의 경우, 보통 1~2년 정도를 정해진 틀에서 올바르게 연습하면 된다. 정해진 틀이란 스캘핑의 매매 기법이 잘 통하는 시장인기주의 스캘핑 존에서만 매매하는 것을 말한다. 비유하자면 고스톱 선수는 고스톱 판에서 게임을 해야지, 포커 판에서 게임을 하려고 하면 게임 자체가 안 된다. 주식 매매 기법도 규칙을 지키면서 연습해야 한다. 스캘핑에 무언가 조금 부족한 투자자라면 시간이 더 걸릴 수 있으나, 높은 정신력으로 단점을 극복한다면 시간을 어느 정도는 단축할 수도 있다.

● 매매는 10호가 창에서

호가 창에서는 매도 잔량, 매수 잔량, 체결 물량의 변동을 실시간으로 보여준다. 스캘핑은 현재 상황에서 미래 1초 뒤의 주가를 예측하는 것이므로 호가 창의 변동을 분석하여 매매를 한다. 분봉 차트를 보면서 매매를 하는 것은 과거의 상황을 보고 주가를 예상하여 매매하는 것이기 때문에 한 타임 늦어 기회가 사라지고 실패할 확률이 높다. 이런 매매는 스캘핑이라 볼 수 없다.

● 시간대별 전략

변동성이 한가할 때는 자리를 떠나는 연습을 해야 한다.

● 머피의 법칙이 발동될 때의 극복 방법

컴퓨터와의 대화보다는 자리를 박차고 일어나라.

● 매매 기법은 항상 시간 날 때마다 스스로 세뇌할 것

사람은 기계가 아니라서 매매의 오류가 많이 생긴다. 장전, 장후에도 높은 정신력으로 매매 원칙을 항상 되새긴다.

● 될 듯한데 돈이 부족할 때

당장 나가서 직장을 구하라. 정상적인 노동 대가의 소중함을 느끼면서 정신력을 높여야 한다. 정신력이 부족한 경우가 대부분이고, 아니면 시장이 침체 장일 수 있다,

● 작게 성공했을 때 원금 관리로 살아남는 방법

시장이 과열되어 원칙을 철저히 지키지 못했더라도 기대 이상의 수익이 날 수 있다. 그러나 이때 시장이 하락 장으로 변하면 계좌가 다시 가난해진다. 이러한 경우가 많으므로 기대 이상으로 수익이 커지면 욕심을 버리고 계좌를 다시 초기화해야 한다. 계좌를 초기화하지 않은 상태에서 계좌가 가난해지면 상실감 때문에 매매의 원칙을 더 지키지 못하게 된다.

● 스캘핑 매매 기법의 응용

기간을 일봉으로 늘리면 된다. 재료의 확장·축소의 과정을 이해하면 된다. 스캘퍼가 당일 시장, 종목, 현재가 창을 분석했다면 장기 투자자는 시장, 종목, 수급 정도를 수치로 확인하면 된다.

2019년 6월 10일(월)

이홍장 이상투자그룹 수석 전문가

우성사료 매도가 전일에 체결되지 않아서
오늘 상승 여부를 보고
매도 사인 드리겠습니다.

우성사료 3,580원
전량 매도합니다.

이홍장 이상투자그룹 수석 전문가

3,590원 전량 매도합니다.

걸어놓으세요.

허영만

전량 체결됐습니다~

252주, 체결 평균가 3,590원.
수익률 9.71%

아, 정정합니다.

− 9.71%

똑바로 하셔!

니예에

302

이홍장 이상투자그룹 수석 전문가

돼지열병 관련주
주말에 정부에서
돼지열병 1차 방역을 완료했다고 발표하면서
관련주가 영향을 받고 있습니다.

우성사료가 수익일 때
매도하지 못해서 아쉽습니다.
뉴스의 영향으로 재료가 소멸하고 있기 때문에
어쩔 수 없이 매도하고
다른 종목으로 교체 매매하도록 하겠습니다.

 박동규 두나무증권 분석가 팀

넷마블 일곱 개의 대죄…
日서 앱 매출 1위 기염

"만화책 누적 발행 부수 3000만 부를 돌파한
인기 원작을 활용한 '일곱 개의 대죄'는
출시 10일 만에 일본 앱스토어 매출 1위와
구글플레이 매출 4위에 오르는 기염을 토했다.
한국 게임이 일본에서 매출 1위를 기록한 것은
2017년 8월 '리니지2 레볼루션'
출시 이후 2년 만이다."

박동규 두나무증권 분석가 팀

- 넷마블은 지난해에도 일본 원작 게임을 활용한
  '더 킹 오브 파이터 올스타'를 내놓았으며
  역시 일본 인기 애니메이션인 '요괴워치' IP를 바탕에 둔
  '요괴워치: 메달워즈'를 출시할 예정이다.

- 링크: https://n.news.naver.com/article/009/0004374523

- 코멘트: 조만간 출시 예정인 'BTS W' 등 신작을 통한
  실적 모멘텀이 계속 이어질 것으로 기대

 최준철 브이아이피자산운용 대표

SK머티리얼즈 14만 5700원에
3주 매수.

허영만

체결됐습니다.
체결 평균가 14만 5700원.

2019년 6월 19일(수)

 박동규 두나무증권 분석가 팀

알에프텍 50주 8,290원에 매수

박동규 두나무증권 분석가 팀

| 투자포인트 |
1. 6월 13일부터 6월 18일까지
   외국인 기관 동반 매수

2. 최근 5G 기지국 안테나 모듈 개발 완료.
   1분기부터 관련 매출 발생하고 있음.
   향후 지속적 성장세 기대.

3. 미용 필러 제조 전문업체 '유스필' 인수
   하반기부터 매출에 본격적으로 반영될 예정

허영만

체결됐습니다.
체결 평균가 8,270원.

 박태우 두나무투자일임 전략 팀장

우물쭈물하는 사이 대형주가
올라버리는군요….ㅎ

 이홍장 이상투자그룹 수석 전문가

모비스 3,090원에
100만 원 매수합니다.

허영만

323주
주문 넣었습니다.

 이홍장 이상투자그룹 수석 전문가

3,095원으로 변경합니다.
3,090원에 체결 안 될 것 같아요.

허영만

정정 주문 넣었습니다.

허영만

모비스 323주
체결 평균가 3,095원에
체결됐습니다.

2019년 6월 20일(목)

 박동규 두나무증권 분석가 팀

알에프텍 25주 8,600원에 매수

허영만

주문 넣었습니다.

 박동규 두나무증권 분석가 팀

호텔신라 12만 5000원에
3주 매수 주문 넣어주세요.

허영만

앗, 다른 것 하다가. ㅎㅎㅎ

 박동규 두나무증권 분석가 팀

아 지금 넣으셔도 돼요~

허영만

가격이 많이 내렸는데
주문가 바꿀까요?

10만 2500원이죠??

 박동규 두나무증권 분석가 팀

10만 2000원에
3주로 부탁드려요.

허영만

주문 넣었습니다.

알에프텍 25주 매도 체결됐습니다.
수익률 3.71%

 박동규 두나무증권 분석가 팀

알에프텍 남은 25주
8,750원에 매도 주문 부탁드려요.

허영만

앗, 지금 다른 일 중이라. ㅎㅎ

허영만

알에프텍 나머지 25주
체결 평균가 8,760원에 매도 체결됐습니다.
수익률 5.60%

호텔신라도 10만 200원에
3주 체결됐습니다.

 박동규 두나무증권 분석가 팀

감사합니다~

허영만

지난 금요일(26일) 마감 현재,
한스바이오메드의 급등으로
허영만이 6인 중 수익 랭킹 2위!!!

최준철 브이아이피자산운용 대표

매일유업
8만 7500원에 10주 매수.

허영만
체결됐습니다.

최준철 브이아이피자산운용 대표

| 투자 포인트 |
1. 제품력과 브랜드력이 좋다.
 → 컵커피 1위, 유기농 우유 1위, 아몬드유/두유 성장 중

2. 음식료업 내 종목 중 가장 저평가

3. 중국 분유 수출과 성인용 분유 출시로
 국내 분유 감소분을 극복해나가는 중이다.

4. 품질을 중시하는 회장과 수익을 챙기는 전문 경영인의
 조화가 경쟁사 대비 돋보인다.

허영만

ㅎㅎㅎ 드디어 매일유업 진출. ♥ ♥

2019년 6월 21일(금)

 최준철 브이아이피자산운용 대표

KT&G 9만 9600원에 5주 매수.

허영만

체결됐습니다.

박태우 두나무투자일임 전략 팀장

KODEX 코스닥150.
100주, 1만 885원

KODEX 200.
40주, 2만 7500원

KODEX 미국 나스닥(NASDAQ)100 선물(H)*
200주, 1만 15원
매수 주문.

다음 주 금요일부터 G20 시작인데,
'기대감 형성'에 기대를
좀 가져봅니다…. ㅎ

> ● (H)
> 환헤지(換hedge). 달러 등 외화
> 로 표시된 해외 기초 자산에 투
> 자할 때는 환율의 영향을 받을
> 수 있는데, 그런 환율 변동 위험
> 을 제거하기 위해 환율을 고정
> 해두었다는 의미다.

허영만

KODEX 200,
40주 체결 평균가 2만 7490원,

KODEX 코스닥 150,
100주 체결 평균가 1만 875원

KODEX 미국 나스닥 100 선물(H),
200주 체결 평균가 1만 15원
매수 체결됐습니다.

 이홍장 이상투자그룹 수석 전문가

SFA반도체 신고가 돌파하네요.
계속 보유합니다.

누적 수익률

(2019년 4월 15일 ~ 2019년 6월 21일)

자문단 수익률		
하웅 2.44	최준철 −0.89
이홍장 −2.21	박태우 0.33
박동규 −1.69	허영만 −0.21

총평가금액 59,759,084원 (수수료 제외)

허영만 종합 수익률 −0.27 %	코스피 등락률 −5.01 %	코스닥 등락률 −5.75 %

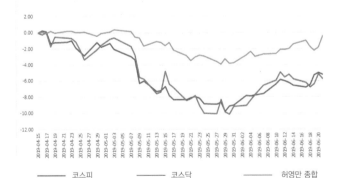

코스피·코스닥 주가지수 등락률과 허영만 계좌 종합수익률

(투자 시작일 4월 15일 기준)

부록

**주식투자가 어려울 땐
분류부터 확실하게**

앱으로 주식시장을 한눈에

증권플러스 제공

어려우셔~

분류부터 확실하게

주식투자 어려울 땐
분류부터 확실히

최근 주식시장이 많이 어렵습니다. 미·중 무역 전쟁에 이어 한·일 갈등까지 본격화되면서 주가지수가 크게 하락했습니다. 코스닥은 700포인트 선을 내줬고, 코스피도 2,000포인트 선에서 간신히 버티고 있는 형국입니다. 특히 기관과 외국인의 자금 이탈로 수급이 꼬이면서 시장 기초 체력이 많이 약해졌습니다. 주가 변동성이 크고 우량주가 힘을 못 쓸 때 주로 기초 체력이 약해졌다고 진단하는데, 요즘이 딱 그렇습니다. 우량주의 주가는 지지부진하고, 테마주 중심으로 주가가 급등락하는 현상이 자주 나오고 있습니다.

테마주

테마는 한국 주식시장이 탄생한 이래로 항상 존재했습니다. 주식과 절대 떼려야 뗄 수 없는 요소입니다. 테마를 알아야만 주식투자를 할 수 있는 것은 아니지만, 테마를 아는 것이 주식투자에 도움이 되긴 합니다. 특히 상승 초입에 주식을 매수하는 모멘텀 투자의 경우, 테마 파악이 필수입니다. 최근에 인기 있는 테마나 업종, 키워드를 필수로 파악하고 있어야 합니다.

2019년 들어 다양한 테마 키워드가 나왔습니다. 증권플러스가 제공하는 토픽 서비스에 따르면 최근 3개월간 가장 상승률이 높았던 테마는 5G, 그래핀(Graphene), 반도체 소재 등이 있습니다.

5G는 2019년 들어 서비스를 개시하면서 관련주가 자주 급등했습니다. 3개월 상승률이 무려 31.1%였다. 그래핀도 대단했습니다. 신소재 열풍이 불면서 3개월간 무려 29.6% 올랐는데, 종목 하나가 10배 이상 급등하기도 했습니다. 반도체 소재는 한·일 갈등이 격화되면서 국산화가 본격화될 것이란 기대감에 3개월간 8.2%나 올랐습니다.

2019년 2분기 인기 테마 최근의 인기 있는 테마나 업종, 키워드를 파악하고 있으면 주식 투자에 도움이 된다.

테마를 보고 모멘텀 투자를 하고 싶다면, 지금 어떤 테마가 뜨는지부터 파악해야 합니다. 그리고 뉴스 검색 등을 통해 상승 원인을 파악하고, 이것이 강한 테마인지, 약한 테마인지 가늠하는 것이 중요합니다. 강한 테마라면 모멘텀 투자를 진행해봐도 좋을 것이고, 약한 테마라면 다음 기회를 노려도 됩니다.

이렇게 테마를 파악한 후 투자를 결정했다면 이 테마가 언제쯤 주춤해질지도 생각해봐야 합니다. 2018년 투자자들의 관심이 가장 많았던 대북주의 경우, 정상회담 전까지 급등하던 테마주가 정상회담 직후에는 오히려 급락했습니다. 2019년에 뜨거웠던 미세먼지 테마도 예보가 나왔을 때 공기청정기, 마스크 관련주가 급등했지만, 막상 미세

1일 등락률 ▼

MLCC	전기차 - 부품	2차전지 - 소재·부품
1일 등락률 5.89%	1일 등락률 3.17%	1일 등락률 2.59%

스마트폰 - 메인보드(FPCB)	스마트카·자율주행	2차전지 - 생산설비
1일 등락률 2.47%	1일 등락률 2.47%	1일 등락률 2.22%

증권플러스 앱 〉 종목 발굴 〉 HOT! 테마별 토픽 실시간 시세가 반영된 전체 테마 상승률을 1일, 1주, 1개월, 3개월 기준으로 볼 수 있고, 어떤 종목이 상대적으로 많이 오르는지, 어떤 종목이 덜 올랐는지 한번에 파악할 수 있다.

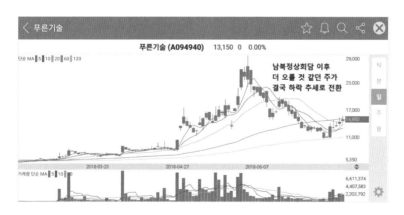

주식시장은 모든 이벤트를 항상 미리 반영한다. 2018년 4월 17일과 5월 26일 두 차례의 남북정상회담 이후 더 오를 것 같던 주가가 6월 12일 북미정상회담을 앞두고 결국 하락 추세로 전환했다.

먼지가 극심했던 당일에는 주가가 장 막판 하락하면서 마감하기도 했습니다. 주식시장은 모든 이벤트를 항상 미리 반영(선반영)한다는 점을 잊어서는 안 됩니다. 재료가 소멸되면 주가도 하락 전환하기 마련입니다.

단순 테마를 넘어 실적주나 배당주 등 우량주를 찾는 데도 이런 식의 종목 분류가 도움이 될 수 있습니다.

실적주

최근 하락 장에 가장 잘 버틴 종목군은 바로 상반기 실적주입니다. 토픽에 보면 '1분기 어닝 서프라이즈(Earning Surprise)'라는 종목군이 있는데, 지난 1분기 실적이 기대 이상의 성과를 냈으면서 2분기까지 좋을 것으로 전망되는 종목을 추린 것입니다. 3개월간 이 종목군의 전체 상승률은 무려 48.6%를 기록했습니다. 여기 있는 종목을 동일 비중으로 분산투자했다면 이와 근접한 수익률을 올릴 수 있었을 것입니다.

실적은 주식시장의 영원한 테마라고도 불립니다. 그만큼 실적이 주가에 미치는 영향이 크기 때문입니다. 어닝 서프라이즈는 말 그대로 깜짝 실적을 의미하며, 이는 시장의 기대보다도 훨씬 좋은 실적을 낸 경우를 뜻합니다. 반대로 기대에 못 미치는 실적을 냈을 땐 '어닝 쇼크(Earning Shock)'라고 부릅니다. 그래서 실적 시즌이 되면 경제 기사에 어닝 서프라이즈, 어닝 쇼크로 도배가 되는 것입니다.

다음의 종목군은 1분기에 이어 2분기까지 상반기 내내 어닝 서프라이즈로 기대를 받은 종목군으로, 기관과 외국인들이 관심이

어닝 서프라이즈 기대 이상의 성과를 냈으면서도 향후 전망이 좋은 종목군을 말한다.

높아 매수세가 많이 몰렸습니다. 개인 투자자들이 테마에 관심이 쏠려 있을 때 기관과 외인은 실적주를 열심히 사들인 것입니다. 결국 큰 자금이 들어오니, 이들 주가는 대체로 탄탄하게 상승했습니다.

어려울 때는 실적주를 발굴하는 기지를 발휘해볼 수도 있다.

배당주

배당을 잘 주는 종목군도 확인할 수 있습니다. 배당은 대체로 중간 배당 시즌 1개월 전, 그리고 연말 배당 1~2개월 전에 주가 흐름이 좋은 경우가 많습니다. 단순히 배당을 받는 것도 좋지만, 남들보다 조금 먼저 투자하면 시세 차익을 얻을 수도 있는 것입니다. 가령 여러분이 1만 원짜리 주식을 샀는데, 주당 500원의 배당을 준다면 이는 배당수익률이 5%인 것입니다. 은행 예금 금리가 2%인 것을 생각하면 아주 높은 것입니다.

배당을 잘 주는 종목들은 주가 하락에 내성이 있습니다. 주가가 떨어질수록 오히려 배당수익률은 높아지기 때문이죠. 가령 주당 500원을 배당하는 1만 원짜리 주식이 8,000원으로 떨어진다면 여러분은 6.25%(=(500/8,000)×100)의 배당수익률을 얻을 수 있는 것입니다. 그렇게 매력적인 주가가 된다면 오히려 주가 매수를 하거나 새롭게 매수를 하는 투자자가 많아지니, 주가는 더 하락하기보다는 반등할 가능성이 높아집니다.

배당주를 고를 때의 요령은 과거부터 배당을 잘 실시해왔고 올해 실적이 좋은 종목을 찾는 것입니다. 돈을 잘 번 기업일수록 배당도 후하게 주기 때문입니다. 과거에 배당에 긍정적이면서 올해 돈까지 잘 벌었다면 배당을 많이 줄 가능성이 크겠죠. 증권플러스 토픽에서는 올해 배당을 괜찮게 줄 만한 기업 15선을 선정했으니, 연말이 되기 전에 한번 살펴보시기 바랍니다.

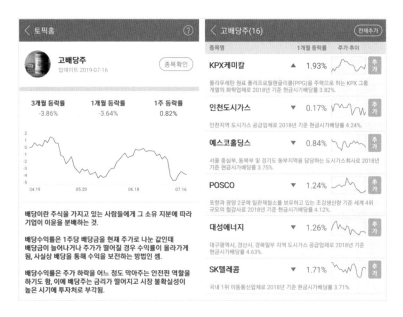

고배당주 목록

인공지능 종목 진단

최근에는 주식투자에도 인공지능(Artificial Intelligence, AI)을 결합하여 집단지성(Collective Intelligence)과 빅데이터(Big Data) 기반의 종목군을 확보하려는 노력도 많이 합니다. 쉽게 말하면 투자자들 사이에서 가장 인기가 있거나 관심도가 높은 종목을 파악하는 것입니다. 결국 투자자에게 인기 높은 주식이 단기적으로 주가도 오를 가능성이 높다고 보는 것입니다.

이는 '관심종목'에 어떤 종목을 가장 많이 등록했는지로 쉽게 확인 가능합니다. 관심 종목으로 많이 등록한 종목이 꼭 급등한다는 것은 아니지만, 최신 투자 트렌드를 알려준다는 점에서 의미가 있습니다. 이 종목들을 통해 아직 덜 오른 동일 업종 종목을 매수할 수 있고, 너무 올랐다고 판단한다면 역으로 매도 기회로 활용할 수 있습니다.

주목! 증권플러스 관심종목	기준시간 07.16 15:02
1 후성	10.00%
2 이아이디	21.12%
3 동진쎄미켐	-5.46%
4 SKC 솔믹스	5.56%
5 켐트로스	3.81%

증권플러스 앱 〉종목 발굴 〉주목! 증권플러스 관심종목 증권플러스 앱을 이용하는 카카오톡 가입자들의 관심종목을 확인해 트렌드를 파악할 수 있다.

2019년 7월 중순인 현 시점에서는 한·일 갈등에 따른 수혜주가 인기가 많다는 것을 단번에 알 수 있습니다. 특히 삼성전자가 절실히 필요로 하는 불화수소 관련주인 후성이 가장 큰 인기를 얻고 있고, 그 밖에도 대체 종목(2등주, 3등주)인 동진쎄미켐, SKC솔믹스 등이 부각되고 있는 것을 확인할 수 있습니다.

주식투자와 관련된 정보도 범람하여 투자자의 분별력을 필요로 하는 시대가 되었습니다. 정보를 어떻게 해석하는지에 따라서 향후 여러분의 투자 습관과 성과가 결정될 수 있기 때문에 지금부터라도 바로 잡는 것이 중요합니다. 어떤 일이든 처음 시작을 하려면 기초부터 닦아야 합니다. 그동안 종목 분류에 대해 소홀히 하셨던 분들은 내가 가지고 있는 종목이 어떤 분류에 속하는지, 그리고 앞으로 어떤 분류를 기준으로 종목을 선정할 것인지 깊게 고민할 필요가 있습니다.

앱으로
주식시장을 한눈에

앱 설치와 가입

'증권플러스 for Kakao' 앱을 다운로드하면
'카카오 계정으로 로그인' 버튼 클릭만으로 간편하게 가입할 수 있다.
'증권플러스 for Kakao' 앱은 주식 거래 여부나 거래 증권사 상관없이
다양한 주식 정보를 살펴볼 수 있어 편리하다.

다른 사람들은
어떻게 투자하고 있을까

〉 실전! 랭킹

관심종목 시세와
뉴스 챙겨보기

〉 관심종목 〉 뉴스 〉 관심그룹 편집

참가자 1만 3000여 명의
실시간 거래 내역을 볼 수 있다.
누적, 주간, 월간으로
수익률 순위를 공개하며,
수익률이 높은 참가자의 거래 내역을
참고할 수 있다.

관심종목을 편집해 실시간으로
자신의 관심종목·보유종목의 시세를
확인하고 해당 종목 관련 뉴스를
같이 볼 수 있다.